Dal buio insidioso del Triangolo delle Bermuda, in cui navi e aerei scompaiono senza spiegazione, alle Linee di Nazca, dove segni enigmatici incisi nella terra ci guardano dal passato, "Arcaico" è un viaggio entusiasmante negli annali del mistero. Dall'Isola di Pasqua, impreziosita dalle sue maestose statue di pietra, alla Colonia di Roanoke, che ancora oggi cela il destino misterioso di una comunità scomparsa, ci immergeremo nei racconti dimenticati e nelle leggende ancora sussurrate dalla storia.

Queste pagine non sono solo uno sguardo al passato; sono un invito a unirsi a noi nella ricerca della verità, a sollevare il velo che nasconde i segreti dietro la storia conosciuta. "Arcaico" è una chiamata all'avventura, un'opportunità di esplorare le terre dell'ignoto, dove il passato parla ancora e il mistero attende pazientemente di essere svelato. Preparatevi a percorrere i sentieri della scoperta, a misurare la profondità dell'antico, mentre ci immergiamo nelle pieghe inesplorate della nostra storia.

Capitolo 1: Il triangolo delle Bermuda

Il Mistero Emergente

Un brivido di paura si diffonde quando una flotta di navi e aerei scompare senza lasciare traccia nel cuore dell'oceano Atlantico. Le comunicazioni radio interrotte, le registrazioni di volo spezzate e le navi che svaniscono dai radar creano un enigma avvolto nel panico. Le acque calme del Triangolo delle Bermuda si trasformano in un cimitero silenzioso di tecnologia perduta.

Gli investigatori, esperti nel risolvere misteri marini, sono incaricati di indagare. Ma ogni risposta che sembra emergere porta con sé un nuovo strato di incertezza. Le testimonianze degli ultimi contatti con l'esterno sono contraddittorie, mentre le carte di navigazione sembrano disegnare traiettorie impossibili.

I sopravvissuti, pochi e confusi, raccontano storie di lampi di luce accecanti e suoni inspiegabili prima della scomparsa. Il Triangolo delle Bermuda, già avvolto in un'aura di mistero, si presenta come una presenza che si nutre della paura e dell'ignoto.

Gli investigatori, affrontando il dilemma di un nemico invisibile, iniziano a esplorare le teorie più oscure: da eventi paranormali a esperimenti scientifici segreti. Mentre cercano risposte, il Triangolo delle Bermuda rivela la sua vera natura: un luogo dove il confine tra realtà e fantasia si fonde, dando vita a un labirinto di segreti celati negli abissi dell'oceano. E così, con ogni domanda apparentemente risolta, ne emergono dieci altre, trascinando gli investigatori sempre più a fondo nell'oscurità di questo enigma inspiegabile.

Mentre gli investigatori continuano a scrutare nell'oscurità del Triangolo delle Bermuda, una scoperta straordinaria cattura la loro attenzione. Una squadra di esploratori, spinti da una strana lettura sulle mappe e da segnali misteriosi, trova un'isola mai registrata prima nei documenti di navigazione.

L'isola, sconosciuta ai più, si erge al centro del misterioso triangolo. La vegetazione è lussureggiante e sconosciuta, gli animali sembrano appartenere a specie dimenticate dal tempo. Gli investigatori, incerti sul significato di questa scoperta, si addentrano nell'isola alla ricerca di indizi che possano svelare la verità nascosta.

Mentre attraversano la fitta giungla, gli esploratori scoprono antiche rovine e testimonianze di una civiltà perduta nel tempo. I muri di pietra narrano storie di un'epoca dimenticata, di un popolo che sembrava conoscere il segreto del Triangolo delle Bermuda. Le raffigurazioni suggeriscono un'antica connessione tra l'isola e il misterioso potere del Triangolo.

Incontri con gli abitanti dell'isola, persone che sembrano essere state custodi dei segreti del Triangolo per generazioni, rivelano che l'isola è una sorta di guardiana tra mondi. Una dimensione intermedia in cui il tempo si intreccia e le leggi della fisica sembrano sfumare. Gli investigatori, ora consapevoli che il Triangolo delle Bermuda non è solo un'entità geografica, ma una manifestazione di forze al di là della comprensione umana, devono decidere se allearsi con gli abitanti dell'isola o continuare da soli nella loro ricerca della verità.

Indizi Scompaiono con le Onde

Mentre gli investigatori si immergono più a fondo nel cuore del mistero, si scontrano con un fenomeno ancora più inquietante. Gli indizi che speravano di raccogliere e analizzare scompaiono misteriosamente con l'andare delle onde. Le registrazioni di volo, i messaggi radio, persino i resti delle navi, tutto sembra dissolversi nel nulla.

È come se il Triangolo delle Bermuda fosse dotato di un potere oscuro capace di cancellare ogni traccia della sua presenza. Gli investigatori sono costretti a fare affidamento su testimonianze frammentate e ricordi sfocati, cercando di ricomporre il puzzle del mistero. Ma ogni tentativo sembra vano, e il senso di impotenza cresce mentre il Triangolo continua a celare la verità dietro il velo dell'ignoto.

I teorici del paranormale si fanno avanti con ipotesi audaci, suggerendo che il Triangolo delle Bermuda sia un varco verso altre dimensioni o addirittura un portale temporale. Gli investigatori, tra scetticismo e curiosità, decidono di esplorare l'ipotesi di fenomeni oltre la comprensione umana.

Le notti nel Triangolo diventano ancor più cupe, avvolte da un'atmosfera carica di tensione. Gli investigatori devono ora affrontare non solo il mistero delle sparizioni, ma anche la sensazione che il tempo stesso stia giocando contro di loro. Mentre l'incertezza si diffonde come un'ombra, il Triangolo delle Bermuda sembra stringere la sua presa su chiunque cerchi di svelare il suo segreto.

Il Richiamo dell'Abisso

Intrappolati nella spirale dell'ignoto, gli investigatori si trovano a esplorare le profondità insondabili del Triangolo delle Bermuda. Le notti si tingono di oscurità e sospetto, mentre la pressione delle incertezze cresce insieme al fragore delle onde che avvolgono la loro imbarcazione.

Ogni tentativo di indagare sulle sparizioni si scontra con un'enigmatica resistenza. Gli strumenti di misurazione impazziscono, le bussole perdono il nord, e le ombre danzano in maniera sospetta. I teorici del paranormale si rivelano profeti di un'oscura verità: il Triangolo delle Bermuda è un crocevia tra dimensioni, un punto in cui le leggi fisiche si svelano, e il tempo si deforma.

Incontri con pescatori locali rivelano leggende tramandate di generazione in generazione. Racconti di navi fantasma, lontani canti di sirene, e presenze che emergono dagli abissi. Gli investigatori, ora spinti dalla necessità di sfidare il destino, decidono di perlustrare le profondità oceaniche dove si sospetta risieda il cuore pulsante del mistero.

Con sommo coraggio, il loro sommergibile si inoltra negli abissi marini, dove la luce solare fatica a penetrare e il silenzio diventa assordante. Mentre attraversano caverne sottomarine e corridoi oscuri, gli investigatori scoprono resti di antiche civiltà sommerse, ciascuna con storie di connessione col Triangolo delle Bermuda.

È qui, nell'oscurità dell'abisso, che gli investigatori si rendono conto di essere giunti al cuore palpitante del mistero. Il richiamo dell'abisso si fa sempre più forte, e la verità si materializza come un'ombra sfuggente tra le profondità marine del Triangolo delle Bermuda.

Portali Dimensionali e Passaggi Temporali

Mentre gli investigatori affrontano la crescente oscurità nel cuore del Triangolo delle Bermuda, iniziano a emergere fenomeni ancora più sorprendenti. Portali dimensionali si aprono e si chiudono in modo imprevedibile, connettendo il nostro mondo a realtà sconosciute. Passaggi temporali sembrano distorti, mescolando eventi passati, presenti e futuri in un intricato intreccio di linee temporali.

Le leggi della fisica sembrano cedere alle pressioni di forze cosmiche sconosciute. Gli investigatori si ritrovano a vivere momenti che sembrano appartenere a ere passate o a futuri remoti. La loro stessa percezione del tempo vacilla, e la frontiera tra realtà e illusione diventa sempre più sottile.

Incontri con figure misteriose, presunte viaggiatrici del tempo, aggiungono un livello di complessità alla trama. Questi individui, con occhi che riflettono secoli di conoscenza, rivelano frammenti di un'antica profezia che predice un evento di portata cosmica. Il Triangolo delle Bermuda, indicato come il punto focale di questo cataclisma imminente, assume una nuova dimensione di significato.

Gli investigatori, ora sospesi tra passato e futuro, devono decifrare gli indizi disseminati attraverso i portali dimensionali. Il destino del Triangolo delle Bermuda sembra intrecciato a un'antica profezia, e solo risolvendo l'enigma del passato e del futuro potranno sperare di comprendere appieno il presente. La loro missione si trasforma in una corsa contro il tempo, mentre l'orologio cosmico ticchetta senza pietà.

L'Onda Misteriosa

Con il passare del tempo nel cuore del Triangolo delle Bermuda, gli investigatori si scontrano con un enigma ancora più insondabile: l'onda misteriosa. Ogni tentativo di raccogliere indizi è complicato da un fenomeno sorprendente, dove le informazioni sembrano svanire nel nulla, trascinate via da un'onda invisibile.

Gli investigatori sono testimoni del bizzarro scenario in cui registrazioni elettroniche e documenti cartacei, una volta raccolti, si dissolvono come nebbia al primo sole. Le comunicazioni radio, essenziali per coordinare le operazioni, diventano un susseguirsi di sibili indistinti, e le carte di navigazione sembrano ribellarsi alla logica. Ogni pezzo del puzzle che tentano di mettere insieme si dilegua come sabbia tra le dita.

Con il Triangolo delle Bermuda che sembra giocare con la loro ricerca della verità, gli investigatori si ritrovano in una situazione di crescente frustrazione. I teorici del paranormale avanzano ipotesi sempre più audaci, sostenendo che un'entità intelligente controlli il flusso delle informazioni nel Triangolo.

La loro discesa nell'oscurità raggiunge un nuovo culmine quando scoprono un antico manoscritto all'interno delle rovine sottomarine. Il testo parla di un'onda di energia, una forza incommensurabile che si manifesta come risposta al tentativo umano di svelare il mistero del Triangolo delle Bermuda. È come se il Triangolo stesso fosse un essere vivente, che difende con astuzia i segreti che custodisce.

Gli investigatori, ora consapevoli che la loro lotta per la verità è anche una lotta contro l'onda misteriosa, devono trovare il modo di resistere a questa forza invisibile mentre cercano di scoprire la verità nascosta dietro la sua presenza enigmatica.

Le Ombre del Destino

Gli investigatori, dopo aver sperimentato le sfide insidiose del Triangolo delle Bermuda, si ritrovano ora immersi in un racconto dimenticato. Gli abitanti dell'isola, custodi di una conoscenza antica, svelano una profezia che getta ombre minacciose sul destino di tutti.

La profezia parla di un evento imminente, un'oscillazione nelle fondamenta dimensionali che minaccia di rompere l'equilibrio tra mondi. Le parole degli antichi profeti descrivono l'arrivo di un'entità oscura, risvegliata da millenni di sonno inter-dimensionale. Solo risolvendo il mistero del Triangolo delle Bermuda, gli investigatori possono sperare di comprendere e prevenire la catastrofe imminente.

Gli abitanti dell'isola condividono frammenti di visioni profetiche, immagini di un futuro distorto e di mondi che si scontrano. Il Triangolo delle Bermuda, rivelano, funge da custode di un antico segreto che potrebbe essere l'ultima speranza di salvare non solo il nostro mondo, ma l'intera tessitura dell'universo.

Gli investigatori si mettono in viaggio verso luoghi sconosciuti dell'isola, guidati dalla speranza di trovare risposte che siano chiave per comprendere e sconfiggere l'oscura minaccia profetizzata. Le antiche rovine rivelano incisioni criptiche che narrano di rituali perduti, porte dimensionali e l'importanza di trovare la chiave segreta che ristabilirà l'armonia tra le dimensioni.

Con ogni passo, gli investigatori si rendono conto che non stanno solo cercando di risolvere un enigma locale, ma stanno partecipando a un'epica lotta per la sopravvivenza dell'universo stesso. La profezia dimenticata si trasforma in un faro guida, e gli investigatori devono decidere se seguire la sua luce attraverso le tenebre o affrontare le conseguenze della loro inazione.

L' Oscuro Destino

Con la profezia dimenticata come guida, gli investigatori si immergono ancora più profondamente nell'isola perduta nel tempo. Le rovine rivelano segreti intricati e rituali dimenticati, aprendo un varco nel passato che collega la civiltà antica al presente tumultuoso del Triangolo delle Bermuda.

Gli abitanti dell'isola, saggi custodi di conoscenze ancestrali, conducono gli investigatori attraverso cerimonie mistiche e corridoi di pietra intarsiati con simboli misteriosi. Le loro parole si fondono con la profezia, delineando un quadro oscuro in cui la barriera tra dimensioni si sgretola, portando caos e distruzione.

Mentre la minaccia dell'oscuro destino si fa più concreta, gli investigatori devono mettere in discussione le loro convinzioni e superare le sfide che l'isola presenta loro. Ogni passo li avvicina alla comprensione finale del mistero, ma ogni risposta svela nuove domande, alimentando la tensione e la suspense.

Le visioni profetiche si intensificano, portando gli investigatori ad attraversare un varco dimensionale che li trasporta in luoghi al di là della loro immaginazione. In questo regno interdimensionale, dove il tempo danza e la realtà si contorce, scoprono l'entità oscura che minaccia di sfuggire al suo prigioniero dimensionale.

Il confronto con l'oscuro destino si avvicina, e gli investigatori devono decidere se svelare la chiave per bloccare la minaccia o lasciare che il caos si liberi. Le scelte fatte in questo mondo interdimensionale avranno conseguenze non solo per il Triangolo delle Bermuda, ma per l'intera esistenza dell'universo. La battaglia tra luce e oscurità è imminente, e solo il coraggio e la saggezza degli investigatori possono determinare l'esito di questa epica lotta contro il destino.

Epilogo: Oltre il Velo delle Ombre

Con il tramonto delle tenebre e l'annullamento dell'oscuro destino, gli investigatori si ritrovano sull'orlo dell'infinito, dove il tempo e lo spazio si fondono. Gli abitanti dell'isola, grati per l'aiuto fornito dagli estranei, condividono un commosso addio, consapevoli che il destino delle dimensioni è stato momentaneamente allontanato.

I portali dimensionali, una volta vortici di caos, si richiudono lentamente, sigillando il Triangolo delle Bermuda in un apparente stato di tranquillità. Gli investigatori, ora carichi di saggezza acquisita da mondi oltre il nostro, osservano con ammirazione il paesaggio oceanico che si estende all'orizzonte.

Tuttavia, anche se il mistero sembra risolto, il Triangolo delle Bermuda continua a sussurrare promesse di avventure insondabili. Gli investigatori, ormai legati indissolubilmente al suo richiamo, sanno che la frontiera tra realtà e leggenda è sottile, e il confine tra ciò che è noto e ciò che è ancora da scoprire è appena stato sfiorato.

Gli abitanti dell'isola, che hanno condiviso il peso delle profezie dimenticate, scompaiono nel tramonto, tornando all'ombra dei millenni. Il Triangolo delle Bermuda, seppur momentaneamente placato, rimane un enigma vivente, pronto a rivelare nuovi segreti a chiunque osi sfidare l'ignoto.

Gli investigatori, guardando l'orizzonte, sanno che la loro avventura è solo l'inizio di un viaggio senza fine. Sul bordo dell'infinito, il Triangolo delle Bermuda attende, avvolto nel mistero, pronto a svelare nuovi segreti e a trascinare le anime coraggiose in un turbine di scoperte ancora più straordinarie. E così, con il sorgere di un nuovo giorno, la storia continua, e il Triangolo delle Bermuda rimane un portale verso l'ignoto, pronto a rivelare la sua vera essenza a coloro che osano sfidare il velo delle ombre.

Conclusione: Tra Leggenda e Realtà

Il mistero del Triangolo delle Bermuda, avvolto nella sua aura di enigma e incertezza, si dissolve tra le pagine della storia. Gli investigatori, dopo aver affrontato le forze del destino e il richiamo dimensionale, lasciano il Triangolo con un profondo senso di meraviglia e rispetto per l'ignoto.

Sebbene abbiano chiuso i portali dimensionali e preservato l'equilibrio tra le dimensioni, il Triangolo delle Bermuda persiste come un segreto intatto, pronto a svelare ulteriori misteri agli audaci esploratori del futuro. La sua fama di cimitero di navi e luogo di sparizioni misteriose persiste, alimentando le leggende e il fascino di questo angolo remoto dell'oceano Atlantico.

Il capitolo della storia dedicato al Triangolo delle Bermuda si conclude, ma la sua influenza perdura. L'oceano continua a cullare segreti celati negli abissi, mentre l'isola perduta nel tempo scompare nell'oscurità. Gli abitanti dell'isola, custodi della profezia dimenticata, ritornano all'ombra dei secoli, attendendo forse il momento in cui il destino richiamerà nuovamente coloro che osano sfidare il mistero.

Mentre la nave degli investigatori solca le onde dell'Atlantico, essi portano con sé le cicatrici e i ricordi di un'avventura straordinaria. Il Triangolo delle Bermuda, ora ancor più avvolto nella sua fama di crocevia tra mondi, si prepara ad accogliere nuove storie, nuovi esploratori e nuovi misteri. La sua leggenda persiste, sospesa tra le sfumature dell'immaginazione umana e la realtà insondabile dell'oceano infinito.

Nota: chi vi scrive, nel lontano agosto del 1994 (credo fosse il 3),ebbe modo di passare per quelle zone,di ritorno dalle Bahamas verso l'Italia, e nel preciso momento in cui il comandante annunciò che stavamo sorvolando il Triangolo delle Bermuda, per qualche secondo l'aereo subì un violento scossone. Vi lascio solo immaginare i pensieri miei e di credo tutti gli altri passeggeri. Fu come se "la fama" di quei luoghi, volle mantenersi viva...

Capitolo 2: Il Mostro di Loch Ness

Il Richiamo delle Profondità

Nel remoto scenario delle Highlands scozzesi, dove la nebbia danza tra le colline e le leggende si intrecciano con la storia, sorge il maestoso Loch Ness. Le acque scure e misteriose del lago nascondono un segreto secolare, un richiamo delle profondità che ha intrigato generazioni di abitanti locali.

Gli anziani narrano che, sin dall'alba della storia, una presenza enigmatica risiederebbe nelle profondità inaccessibili del Loch Ness. La leggenda inizia con il riverbero di storie tramandate oralmente, racconti che parlano di un'entità sconosciuta che si cela dentro le onde placide e la superficie riflettente del lago.

Il richiamo delle profondità è un'eco ancestrale che ha guidato i primi abitanti del luogo verso il rispetto e, al contempo, il timore del lago. Gli antichi lo consideravano un luogo sacro, dove il confine tra il mondo conosciuto e quello misterioso si assottigliava. La presenza della creatura sconosciuta, ancora all'epoca considerata un guardiano mitico, incuteva rispetto nei cuori dei nativi.

Con il passare dei secoli, la leggenda si trasformò in racconti più dettagliati, in cui la creatura divenne protagonista di avventure straordinarie. Il suo richiamo, inizialmente timido e rispettoso, si trasformò in qualcosa di più intrigante, inducendo coloro che abitavano nelle vicinanze a scrutare le profondità con occhi pieni di curiosità e timore.

Nel cuore di questo richiamo, nacque la convinzione che il Loch Ness fosse il dominio di un essere straordinario, un essere che navigava tra la realtà e la leggenda. Questo richiamo delle profondità avrebbe continuato a crescere, alimentando le storie e gli avvistamenti che avrebbero reso il Loch Ness famoso in tutto il mondo.

Il Primo Avvistamento

La leggenda del Loch Ness prende vita con il racconto del primo avvistamento, un momento sospeso nel tempo che avrebbe plasmato la narrazione del mostro nelle generazioni a venire. In una serena giornata sulle rive del lago, un pescatore solitario, immerso nella tranquillità delle acque del Loch Ness, assistette a qualcosa di straordinario.

Il pescatore, intento nella sua attività quotidiana, vide emergere dalle profondità qualcosa di imponente e inspiegabile. Una figura sfuggente, una massa oscura che si librò per un attimo sopra la superficie prima di scomparire di nuovo nell'oscurità delle acque. Il pescatore rimase attonito, incapace di dare una spiegazione razionale a ciò che aveva appena osservato.

Questo primo avvistamento si diffuse rapidamente tra gli abitanti della zona, dando vita alla leggenda della creatura sconosciuta del Loch Ness. Le descrizioni del pescatore variavano, ma un elemento comune emergente era la presenza di una figura gigantesca, oltre ogni immaginazione, che sembrava fluttuare al di sotto della superficie del lago.

Questo incontro straordinario segnò l'inizio di una serie di testimonianze, alimentando la curiosità e la paura degli abitanti locali. Le storie della creatura si tramandarono di bocca in bocca, crescendo e trasformandosi con il passare del tempo. Il primo avvistamento divenne il fondamento su cui si costruì il mito, aprendo la strada a una serie di esplorazioni, indagini e racconti che avrebbero tramandato il mistero del Loch Ness nei secoli successivi.

Con il passare del tempo, il lago si trasformò da mero rifugio naturale a teatro di racconti sempre più dettagliati e misteriosi. I pescatori, coloro i quali passavano le loro giornate alla ricerca di avvistare la creatura, divennero i narratori principali di queste storie affascinanti e spesso spaventose.

Gli incontri con la creatura sconosciuta divennero sempre più frequenti, e ogni pescatore aveva la propria versione dei fatti. Alcuni descrivevano una figura simile a un enorme serpente marino, con occhi luminosi che brillavano nell'oscurità del lago. Altri raccontavano di un corpo massiccio, dalle scaglie lucenti, che si librava graziosamente nell'acqua.

Un elemento comune nelle testimonianze era la sensazione di un incontro con l'inspiegabile, con qualcosa al di là della comprensione umana. Molti pescatori affermavano di aver sentito il "richiamo" della creatura prima ancora di vederla, una sorta di connessione primordiale con la misteriosa entità che risiedeva nelle profondità del lago.

Le storie dei pescatori, condivise nei pub e sulle rive del Loch Ness, fecero crescere la leggenda. Ogni dettaglio contribuiva a dipingere un quadro sempre più complesso di questa creatura misteriosa, alimentando la curiosità e l'incanto, ma anche l'ansia di coloro che si affidavano alle acque del lago per il proprio sostentamento.

La comunità locale, divisa tra la venerazione di questa entità e la paura di ciò che potrebbe nascondere, fu testimone di una crescita esponenziale delle storie dei pescatori. Ogni nuovo racconto si trasformava in una tessera del mosaico, un tassello che contribuiva a definire l'immagine affascinante e inquietante del Loch Ness e della sua enigmatica occupante.

Con l'aumentare degli avvistamenti e la diffusione delle storie dei pescatori, il mistero del Loch Ness divenne oggetto di fascinazione a livello globale. Gli occhi del mondo si posarono sul lago scozzese, mentre gli investigatori del mistero affollarono le sue sponde con la speranza di gettare luce sulla leggenda della creatura sconosciuta.

Equipaggiati con tecnologie sempre più avanzate, fotocamere e telecamere subacquee, gli investigatori del mistero cercarono di catturare la prima immagine chiara della creatura. Il Loch Ness divenne così teatro di spedizioni e ricerche scientifiche, con scienziati, esploratori e avventurieri affollanti le sue acque.

Le prime fotografie e i filmati, spesso sfocati e di scarsa qualità, suscitarono l'interesse del pubblico mondiale. Le immagini della supposta creatura alimentarono il dibattito, dividendo gli esperti tra coloro che sostenevano la possibilità di una forma di vita sconosciuta e quelli che consideravano gli avvistamenti come il risultato di illusioni ottiche o fenomeni naturali.

Il Loch Ness divenne così una sorta di palcoscenico per la lotta tra il mito e la scienza. I ricercatori sott'acqua speravano di catturare un lampo della creatura con l'ausilio di sonar e telecamere subacquee, mentre sulle sponde del lago si tenevano conferenze e dibattiti accesi su ciò che potrebbe nascondersi nelle sue profondità oscure.

Nonostante gli sforzi incessanti, la creatura del Loch Ness continuava a sfuggire alla cattura su pellicola o sensori elettronici. Le prove rimanevano ambigue, aprendo la porta a teorie sempre più fantasiose e a speculazioni sulla vera natura del mostro.

Il capitolo degli investigatori del mistero è intriso di tensione e anticipazione, poiché il mondo attende ansioso la prossima rivelazione o scoperta che possa svelare il segreto del Loch Ness e della creatura che continua a eludere gli sforzi dell'umanità.

Con il susseguirsi degli anni e l'intensificarsi della ricerca, il Loch Ness divenne il palcoscenico di una caccia serrata alla verità. Esperti da ogni campo, dai biologi marini agli esperti di criptozoologia, si unirono per cercare risposte definitive sulla misteriosa creatura che popolava le acque del lago.

Dibattiti accesi si svolsero tra coloro che abbracciavano l'ipotesi di una forma di vita preistorica sopravvissuta nel lago e coloro che rimanevano scettici, attribuendo gli avvistamenti a illusioni ottiche, fenomeni naturali o, in alcuni casi, a bufale deliberate. Le teorie più audaci si intrecciavano con spiegazioni più pragmatiche, creando un calderone di speculazioni che alimentava la crescente curiosità mondiale.

Le spedizioni scientifiche si susseguirono, impiegate a fondo per sondare le profondità del lago e catturare immagini chiare della creatura. Sonar avanzati e droni subacquei furono impiegati per scrutare ogni anfratto del Loch Ness, ma le prove tangibili rimanevano elusive.

La caccia alla verità non si limitava alla sola ricerca scientifica. Documentaristi, scrittori e registi cinematografici si unirono al coro, portando l'interesse pubblico a livelli senza precedenti. Libri e film dedicati al mistero del Loch Ness furono prodotti in quantità, alimentando il fervore intorno al mito.

Il Loch Ness divenne un'attrazione turistica di fama mondiale, attirando visitatori da ogni angolo del pianeta desiderosi di gettare uno sguardo sulle acque oscure che nascondevano il segreto. Il lago, una volta un rifugio di serenità e quiete, fu trasformato in un palcoscenico di attività frenetiche, con l'umanità che continuava a cercare la verità nascosta nelle sue profondità.

Questa parte della caccia alla verità si conclude con la consapevolezza che, nonostante tutti gli sforzi, il mistero del Loch Ness rimaneva intatto. La creatura sconosciuta continuava a eludere ogni tentativo di svelare il suo segreto, mantenendo intatta la sua aura di enigma nel cuore delle Highlands scozzesi.

Il Mistero Persiste

Nonostante gli sforzi degli investigatori, degli studiosi e degli avventurieri, il mistero del Loch Ness persiste ancora oggi, avvolto in un alone di incertezza e affascinante enigma. Il lago rimane un luogo di suggestione, dove la sottile linea tra realtà e leggenda si dissolve nelle acque scure e profonde.

Le teorie continuano a proliferare: alcuni sostengono che la creatura potrebbe essere una forma di vita preistorica sfuggita alla nostra comprensione, mentre altri la attribuiscono a fenomeni naturali mal interpretati o a illusioni ottiche. La mancanza di prove concrete ha alimentato la speculazione, facendo del Loch Ness un terreno fertile per l'immaginazione collettiva.

Il richiamo delle profondità persiste, riverberando attraverso le generazioni. Il lago, una volta tranquillo e incontaminato, è ora intriso di un'aura di mistero che attrae avventurieri, appassionati e scettici da tutto il mondo. Le sponde del Loch Ness sono ancora affollate da coloro che sperano di gettare uno sguardo su quella che potrebbe essere la chiave per risolvere il puzzle secolare.

La comunità locale, intanto, continua a custodire la sua eredità leggendaria. Feste e celebrazioni annuali onorano la creatura misteriosa, mentre le storie dei pescatori e degli antichi abitanti vengono tramandate con orgoglio. Il Loch Ness è diventato un'icona, un simbolo di mistero e meraviglia che persiste nel tempo.

Il mistero del Loch Ness prosegue con la consapevolezza che, nonostante tutte le indagini e gli sforzi, la creatura sconosciuta continua a eludere la comprensione umana. Il richiamo delle profondità persiste nell'immaginario collettivo, contribuendo a mantenere viva la leggenda del Loch Ness, un enigma incastonato nelle acque tranquille e nelle colline avvolte di nebbia delle Highlands scozzesi.

L'impatto del presunto avvistamento sul turismo del luogo.

L'avvistamento presunto del mostro del Loch Ness ha avuto un impatto significativo sul turismo, trasformando la tranquilla regione delle Highlands scozzesi in una meta ambita da curiosi e appassionati di tutto il mondo. La leggenda della creatura sconosciuta ha contribuito a dare al Loch Ness un fascino unico e a rendere la sua bellezza naturale ancora più avvolgente.

La fama globale del Loch Ness come casa di un presunto mostro ha portato a un aumento esponenziale dei visitatori. Le sponde del lago sono diventate un luogo di pellegrinaggio per coloro che desiderano gettare uno sguardo sulle acque scure e tentare la fortuna di avvistare la creatura mitica. Alberghi, bed and breakfast, e strutture ricettive lungo le rive hanno goduto di una crescente affluenza di turisti desiderosi di essere parte integrante della leggenda.

La creatura del Loch Ness ha ispirato una vasta gamma di eventi turistici, come festival, tour in barca e musei dedicati al mistero. Tour operator offrono gite sul lago, promettendo ai partecipanti la possibilità di catturare un'occhiata fugace al presunto mostro. I negozi di souvenir vendono cappellini, tazze e altri articoli con il logo del Loch Ness Monster, diventando un ricordo per i visitatori.

Anche la gastronomia locale ha beneficiato dell'interesse turistico. Ristoranti e pub offrono piatti e bevande tematiche, capitalizzando sull'atmosfera misteriosa del luogo. Il turismo legato alla leggenda ha avuto un impatto positivo sull'economia locale, contribuendo a sostenere le comunità nelle vicinanze del lago.

Tuttavia, l'effetto del turismo basato sulla leggenda del mostro del Loch Ness è stato oggetto di dibattiti. Alcuni elogiano il suo contributo economico e l'opportunità di conservare e condividere la cultura locale. Al contrario, altri temono che la commercializzazione e l'eccessiva attenzione mediatica possano alterare l'autenticità e l'atmosfera tranquilla che originariamente facevano parte del fascino del Loch Ness.

In ogni caso, il presunto avvistamento del mostro di Loch Ness ha trasformato una regione remota delle Highlands in una destinazione turistica iconica, fatta di leggenda, mistero e la promessa di uno sguardo fugace al di là delle acque oscure.

Libri e documentari:

Nel corso degli anni sono stati scritti numerosi libri e realizzati documentari che esplorano la leggenda del mostro di Loch Ness. La creatura mitica ha catturato l'immaginazione di molte persone, dando vita a una ricca produzione di opere che cercano di indagare, spiegare o semplicemente narrare la storia del Loch Ness Monster. Ecco alcuni esempi:

Libri:

"The Loch Ness Monster: The Evidence" di Steuart Campbell: Un libro che esamina in modo critico le prove e i rapporti sugli avvistamenti del mostro di Loch Ness, cercando di offrire un'analisi obiettiva.

"The Loch Ness Monster: Fact or Fiction?" di Malcolm Robinson: Un'opera che esplora la storia, gli avvistamenti e le teorie sulla creatura, cercando di determinare se il mostro di Loch Ness sia reale o un mito.

"Loch Ness Monster: The Unsolved Mystery" di Conrad Bauer: Un libro che presenta la storia del mostro di Loch Ness e le teorie che cercano di spiegare la sua esistenza.

"The Search for the Loch Ness Monster" di Roy P. Mackal: Scritto da un biologo, questo libro esplora la leggenda del mostro di Loch Ness da un punto di vista scientifico, cercando di discernere la verità dietro la leggenda.

Documentari:

"Loch Ness: The Web Series" (2016): Una serie documentaristica che esplora la storia e i misteri del Loch Ness, concentrandosi su testimonianze, avvistamenti e le indagini condotte nel corso degli anni.

"The Loch Ness Monster: The Missing Evidence" (2019): Un documentario che segue una squadra di investigatori che utilizzano tecnologie avanzate per cercare prove della presenza del mostro di Loch Ness.

"In Search of the Loch Ness Monster" (2006): Questo documentario segue un gruppo di esploratori in una spedizione sul lago, cercando di fornire una prospettiva aggiornata sulle indagini riguardanti il mostro di Loch Ness.

"Loch Ness: The Monster and the Myth" (2008): Un documentario televisivo che esplora la storia del mostro di Loch Ness, inclusi avvistamenti storici e le varie teorie proposte nel corso degli anni.
Queste opere contribuiscono a mantenere viva la leggenda del mostro di Loch Ness, fornendo un'ampia gamma di prospettive sul mistero che circonda questo affascinante fenomeno.

Capitolo 3: Il Volo MH370

Nel 2014, il volo MH370 della Malaysia Airlines divenne tristemente famoso per essere coinvolto in uno dei misteri più grandi ed enigmatici della storia dell'aviazione moderna. Partito da Kuala Lumpur, in Malesia, e diretto a Pechino, in Cina, l'aereo scomparve misteriosamente dai radar e perse ogni contatto radio, creando un vuoto di informazioni che avrebbe alimentato una serie di teorie e speculazioni.

Scomparsa nei Cieli

Il volo MH370, partito da Kuala Lumpur International Airport l' 8 marzo 2014, sembrava procedere normalmente durante la fase iniziale del viaggio. A bordo c'erano 239 persone, tra cui passeggeri provenienti da diverse nazionalità e membri dell'equipaggio altamente qualificato. L'aereo coinvolto era un Boeing 777-200ER, uno degli aeromobili più avanzati e affidabili in servizio al momento.

Circa 40 minuti dopo il decollo, mentre l'aereo attraversava lo spazio aereo del Vietnam e si stava dirigendo verso il Mar Cinese Meridionale, il volo MH370 scomparve misteriosamente dai radar civili e perse ogni contatto radio. La torre di controllo di Kuala Lumpur cercò invano di comunicare con l'equipaggio, ma senza successo. In quel momento, l'aereo era appena al di sopra del Golfo di Thailandia.

La scomparsa improvvisa dell'aereo sollevò immediatamente preoccupazioni e sospetti. Le autorità malesi iniziarono le operazioni di ricerca e soccorso, coinvolgendo la collaborazione di diverse nazioni e organizzando una vasta area di ricerca nel Mar Cinese Meridionale. Le prime ore e i primi giorni furono caratterizzati dalla speranza di trovare il velivolo e le persone a bordo in uno stato di emergenza.

Tuttavia, la mancanza di segnalazioni di emergenza, la scomparsa improvvisa dai radar e la mancanza di dettagli da parte dell'equipaggio resero la ricerca particolarmente complessa. Le notizie della scomparsa del volo MH370 raggiunsero l'opinione pubblica mondiale, scatenando una valanga di speculazioni, teorie del complotto e domande senza risposta.

Il vuoto di informazioni alimentò la crescita del mistero, e le famiglie dei passeggeri rimasero intrappolate in un'agonia emotiva, desiderose di conoscere il destino dei propri cari. Con il passare del tempo, l'attenzione si spostò dalla ricerca iniziale nel Mar Cinese Meridionale a un'area molto più estesa dell'Oceano Indiano, basandosi su analisi di dati satellitari che indicavano possibili rotte di volo dell'aereo scomparso.

Il capitolo della scomparsa nei cieli termina con la sensazione di un enigma intricato, con i giorni successivi, caratterizzati da una crescente incertezza e dalla consapevolezza che la risoluzione del mistero richiederebbe uno sforzo collettivo senza precedenti da parte della comunità internazionale.

Ricerche nell'Oceano Indiano

Con l'individuazione delle possibili rotte di volo nel vasto spazio dell'Oceano Indiano, l'attenzione delle autorità e degli investigatori si spostò verso questa regione remota e difficile da esplorare. Il Mar Cinese Meridionale non aveva restituito alcuna traccia del volo MH370, e le analisi di dati satellitari indicavano che l'aereo avesse compiuto un'inversione di rotta verso l'ovest.

Le ricerche nell'Oceano Indiano iniziarono con un'enorme operazione internazionale, coinvolgendo navi, aerei e sottomarini provenienti da diverse nazioni. La vastità dell'area da coprire e le condizioni meteorologiche avverse fecero sì che la missione fosse estremamente complessa. L'acqua profonda, le correnti oceaniche e la scarsità di informazioni concrete fecero delle ricerche nell'Oceano Indiano una delle operazioni di soccorso e recupero più impegnative nella storia dell'aviazione.

Mesi dopo la scomparsa del volo MH370, iniziarono a emergere i primi frammenti dell'aereo. Il 29 luglio 2015, un pezzo di ala noto come flaperon fu ritrovato su un'isola dell'oceano Indiano, Réunion, confermando che il volo MH370 si era concluso tragicamente nelle acque remote di questa vasta distesa d'acqua.

Questo ritrovamento alimentò una nuova fase nelle indagini, poiché le analisi dei resti cominciarono a fornire informazioni cruciali sugli eventi che portarono alla scomparsa dell'aereo. La presenza di detriti sulle coste di diverse isole dell'oceano Indiano indicò che altri frammenti stavano emergendo lentamente, spingendo gli investigatori a ridefinire le aree di ricerca in base alle correnti oceaniche.

Nonostante i progressi nelle indagini, la scoperta di nuovi resti avveniva a rilento, e molte domande rimanevano senza risposta. La causa precisa della scomparsa del volo MH370, così come il luogo esatto dell'incidente, continuavano a eludere gli sforzi degli investigatori, mantenendo il mistero del volo ancora irrisolto.

Il capitolo delle ricerche nell'Oceano Indiano si conclude con una crescente consapevolezza che la verità stava emergendo frammento dopo frammento, portando una forma di chiusura alle famiglie delle vittime, ma ancora lasciando in sospeso gli interrogativi su ciò che realmente accadde durante quel tragico volo.

Teorie e Speculazioni

La scomparsa del volo MH370 ha generato un vasto territorio di teorie e speculazioni, alimentato dalla mancanza di informazioni concrete e dalla complessità del caso. Con il passare del tempo, le voci e le congetture sono proliferate, creando un panorama di interpretazioni talvolta discordanti e spesso avvolte da un alone di mistero.

Intervento Umano:
Una delle teorie più discusse riguarda un possibile intervento umano nel dietrofront del volo MH370. Si è ipotizzato che qualcuno a bordo dell'aereo avesse preso il controllo dell'aereo, modificando la rotta e impedendo la comunicazione con i controllori del traffico aereo. Questa teoria ha generato numerose speculazioni sul motivo dietro un simile atto, ma la mancanza di prove concrete ha reso difficile accettare questa spiegazione senza ambiguità.

Guasto Tecnico:
Altre teorie suggeriscono che un guasto tecnico potrebbe essere stato il responsabile della scomparsa del volo MH370. Queste ipotesi vanno dalla possibilità di un incendio a bordo a problemi strutturali, ma fino a oggi nessuna di queste ipotesi ha trovato riscontri definitivi nei frammenti recuperati.

Cospirazioni Internazionali:
Alcune speculazioni più controverse hanno suggerito la presenza di cospirazioni internazionali legate alla scomparsa del volo MH370. Teorie del complotto hanno cercato di collegare l'incidente a motivi geopolitici o a presunti interessi segreti di alcune nazioni, ma tali affermazioni mancano di sostegno empirico.

Fallimento Sistemico:
Un'altra teoria si concentra sulla possibilità di un fallimento sistemico che avrebbe portato alla perdita di comunicazione e controllo dell'aereo. Questa ipotesi suggerisce che una concatenazione di eventi, tra cui errori umani e problemi tecnici, potrebbe aver contribuito alla scomparsa del volo MH370.

Il capitolo delle teorie e speculazioni riflette la complessità e l'ambiguità che circondano il mistero del volo MH370. Nonostante i progressi nelle indagini e i ritrovamenti di resti, la mancanza di una spiegazione definitiva ha consentito alle teorie di proliferare, mantenendo viva la discussione sulla verità dietro la scomparsa di questo tragico volo.

Mentre il flaperon ritrovato a Réunion forniva una conferma tangibile della fine del volo MH370 nelle acque dell'Oceano Indiano, iniziò una fase cruciale di analisi dei resti per comprendere meglio i dettagli dell'incidente e gettare luce sulle circostanze della scomparsa.

Analisi dei Resti:
Gli investigatori cominciarono a esaminare attentamente ogni frammento recuperato, applicando metodi avanzati di analisi forense per determinare la causa dell'incidente. Si prestarono particolare attenzione ai danni e alle tracce sulle parti dell'aereo, cercando di ricostruire l'ultima fase del volo e di comprendere eventuali guasti strutturali o anomalie che potrebbero aver portato alla tragedia.

Localizzazione della Zona di Impatto:
Con l'emergere di ulteriori frammenti, gli investigatori cercarono di stabilire la zona di impatto dell'aereo. L'analisi delle correnti oceaniche e dei modelli di deriva contribuì a ridefinire le aree di ricerca, consentendo di concentrare gli sforzi nelle zone più probabili in cui potrebbero trovarsi altri resti.

Conferma dell'Identità:
La conferma dell'identità dei resti come appartenenti al volo MH370 fu un passo cruciale. L'uso di dati forensi e di tecnologie avanzate aiutò gli investigatori a stabilire in modo inequivocabile che i resti appartenevano all'aereo scomparso. Questa conferma consolidò la comprensione che il volo MH370 era effettivamente finito nelle acque dell'Oceano Indiano, ponendo fine a gran parte della speculazione che circondava la sua sorte.

Limiti dell'Analisi:
Tuttavia, l'analisi dei resti ha anche evidenziato i limiti della conoscenza corrente. Molte parti dell'aereo rimangono ancora mancanti, e alcuni aspetti dell'incidente, come la sequenza esatta degli eventi e le cause definitive, rimangono incerti. La mancanza di informazioni dettagliate ha alimentato la persistenza di domande e dubbi.

Il capitolo dell'analisi dei resti rappresenta un punto di svolta nelle indagini sul volo MH370, confermando in modo inconfutabile la destinazione finale dell'aereo ma allo stesso tempo mettendo in evidenza la complessità e le sfide che persistono nel comprendere appieno i dettagli di questo misterioso incidente aereo.

Le Lezioni Apprese

La scomparsa del volo MH370 ha avuto un impatto profondo sull'industria dell'aviazione e ha generato una serie di riflessioni e riforme nei protocolli di sicurezza, monitoraggio e comunicazione. Questo paragrafo esamina le lezioni apprese da uno degli eventi più enigmatici nella storia dell'aviazione moderna.

Riforme nei Protocolli di Comunicazione:
Una delle lezioni principali emerse dalla necessità di migliorare i protocolli di comunicazione tra l'aereo e i controllori del traffico aereo. Gli sforzi sono stati fatti per implementare sistemi di monitoraggio satellitare costante, consentendo una maggiore tracciabilità degli aeromobili anche nelle regioni più remote del mondo.

Maggiore Cooperazione Internazionale:
La scomparsa del volo MH370 ha evidenziato la necessità di una maggiore cooperazione internazionale in caso di incidenti aerei. Gli sforzi coordinati tra diverse nazioni, organizzazioni internazionali e agenzie di ricerca sono diventati una priorità per migliorare le operazioni di ricerca e soccorso in situazioni simili.

Miglioramenti nei Sistemi di Localizzazione:
L'incidente ha portato a miglioramenti significativi nei sistemi di localizzazione degli aeromobili. L'introduzione di nuove tecnologie, come il sistema Automatic Dependent Surveillance-Broadcast (ADS-B), ha reso possibile il monitoraggio più accurato e in tempo reale degli spostamenti degli aerei.

Riflessioni sull'Assistenza ai Familiari delle Vittime:
La gestione delle informazioni e l'assistenza alle famiglie delle vittime sono state al centro delle riflessioni emerse dall'incidente del volo MH370. Sono stati implementati protocolli migliorati per comunicare in modo più trasparente e compassato con i familiari, fornendo loro un supporto emotivo e informazioni chiare durante le fasi critiche delle indagini.

Enfasi sulla Sicurezza dell'Aviazione:
L'industria dell'aviazione ha rafforzato la sua enfasi sulla sicurezza, con un focus particolare sulle procedure di emergenza e sulla formazione degli equipaggi. La revisione e l'aggiornamento costante dei protocolli di sicurezza sono diventati parte integrante delle pratiche operative delle compagnie aeree.

Il discutere delle lezioni apprese sottolinea come la scomparsa del volo MH370 abbia innescato una serie di cambiamenti significativi nell'industria dell'aviazione, orientati a prevenire incidenti simili e migliorare la risposta alle emergenze aeree, fornendo un'eredità di sicurezza e consapevolezza duratura.

Linee di Nazca

Nel vasto deserto del Perù, a circa 400 chilometri a sud di Lima, si trova uno dei misteri archeologici più affascinanti al mondo: le Linee di Nazca. Questi enigmatici segni, che coprono un'area di circa 500 chilometri quadrati nella piana di Nazca, sono costituiti da figure geometriche, linee diritte e strane rappresentazioni di animali, visibili solo dall'alto. La loro origine incerta e la complessità delle forme hanno generato una serie di domande senza risposta, alimentando la curiosità e l'ammirazione di studiosi e visitatori di tutto il mondo.

La scoperta delle Linee di Nazca risale agli anni '20, quando l'archeologo Toribio Mejía Xesspe le portò all'attenzione del mondo occidentale. Tuttavia, è solo dall'avvento dei voli aerei che la grandezza e la complessità di queste linee sono state pienamente comprese. Queste antiche incisioni nel terreno creano disegni enormi, alcuni dei quali superano i 200 metri di lunghezza, e formano schemi intricati che si estendono per chilometri nel deserto.

L'aspetto più sorprendente delle Linee di Nazca è la precisione e la simmetria delle figure, realizzate senza l'ausilio della moderna tecnologia. Le figure geometriche, tra cui rettangoli, cerchi e trapezi, coesistono con raffigurazioni di animali come il colibrì, il condor, il ragno e altri, tutti intagliati nel terreno desertico. La loro creazione ha sollevato interrogativi su come una civiltà antica abbia potuto progettare e realizzare tali disegni complessi, soprattutto considerando la mancanza di strumenti avanzati e la necessità di una vista aerea per apprezzarne appieno la grandezza.

Il capitolo inizia esplorando questo enigma intrinseco, gettando le basi per la comprensione delle Linee di Nazca come uno dei più grandi misteri archeologici che il mondo abbia mai conosciuto. Chi le ha create? Per quale motivo? Le risposte a queste domande sono nascoste nelle sabbie del deserto, e l'indagine inizia con la consapevolezza di fronte a un enigma che continua a sfidare l'interpretazione moderna.

La Scoperta

Le Linee di Nazca, sebbene conosciute dagli abitanti della regione da secoli, furono portate all'attenzione del mondo occidentale solo negli anni '20. L'archeologo peruviano Toribio Mejía Xesspe fu tra i primi a studiare e documentare questo mistero, ponendo così le basi per una più ampia consapevolezza globale delle Linee di Nazca.

Durante una spedizione archeologica nel 1926, Mejía Xesspe iniziò a registrare le figure tracciate sul terreno desertico. Tuttavia, fu solo quando il pilota e archeologo statunitense Paul Kosok effettuò un sopralluogo aereo nel 1941 che le Linee di Nazca rivelarono appieno la loro grandezza e complessità. Kosok rimase stupefatto dalle enormi figure e dalle intricate linee che si estendevano a perdita d'occhio nel deserto.

Successivamente, un altro pilota, l'archeologo tedesco Maria Reiche, dedicò gran parte della sua vita allo studio e alla preservazione delle Linee di Nazca. Reiche contribuì notevolmente alla comprensione scientifica di questi geoglifi, conducendo ricerche dettagliate e proponendo varie teorie sulle loro origini e finalità.

L'interesse crescente da parte degli studiosi portò all'istituzione di progetti di ricerca e scavi archeologici, con l'obiettivo di approfondire la comprensione delle Linee di Nazca e della cultura che le aveva create. L'avvento della tecnologia moderna, inclusi droni e sofisticati sistemi di rilevamento satellitare, ha consentito agli archeologi di esaminare le linee in modo più approfondito, identificando nuove figure e perfezionando la comprensione delle tecniche di costruzione.

La scoperta si conclude con il riconoscimento del ruolo cruciale di Toribio Mejía Xesspe, Paul Kosok e Maria Reiche nella scoperta e nella documentazione iniziale delle Linee di Nazca, sottolineando l'importanza degli sforzi collaborativi e multidisciplinari per svelare gli enigmi di questa straordinaria opera archeologica.

Le Figure Geometriche

Le Linee di Nazca, oltre alle misteriose figure zoomorfe, presentano un complesso sistema di figure geometriche, testimonianza dell'abilità e della precisione della civiltà che le ha create. Questo capitolo si concentra sulle figure geometriche che adornano il deserto di Nazca, fornendo un'analisi dettagliata delle forme, delle dimensioni e delle possibili interpretazioni.

Rettangoli e Trapezi:
Le figure geometriche delle Linee di Nazca includono una vasta gamma di rettangoli
e trapezi, spesso collegati da intricate reti di linee. Queste forme sono disposte in
schemi complessi, creando disegni simmetrici che si estendono per chilometri nel
deserto. La precisione e la simmetria di queste figure geometriche indicano una
sofisticata conoscenza matematica e un'abilità tecnica avanzata.

Cerchi e Spirali:
Oltre ai rettangoli e ai trapezi, ci sono cerchi di varie dimensioni e spirali che
compongono il paesaggio delle Linee di Nazca. La presenza di cerchi concentrici e
spiraliformi ha generato speculazioni sulle connessioni astronomiche o cerimoniali,
suggerendo un possibile utilizzo di queste figure nella marcatura di eventi
astronomici o di rituali religiosi.

Intrecci e Disposizione:
Le figure geometriche delle Linee di Nazca sono spesso intrecciate tra loro, creando
intricati schemi che sfidano la comprensione immediata. Questa complessità ha
portato a molteplici interpretazioni sul significato di queste forme, dallo scopo
cerimoniale all'indicazione di risorse idriche sotterranee.

Tecnica di Creazione:
Gli archeologi e gli studiosi hanno studiato la tecnica con cui queste figure
geometriche sono state realizzate. L'ipotesi principale suggerisce che gli antichi
Nazca abbiano rimosso il terreno rosso superficiale per mettere in evidenza il colore
più chiaro sottostante, creando così un contrasto visibile. Tuttavia, le tecniche precise
utilizzate per mantenere la precisione delle linee su lunghe distanze rimangono
oggetto di studio e discussione.

Questo paragrafo offre una panoramica delle figure geometriche delle Linee di
Nazca, introducendo i lettori alla complessità e alla ricchezza di queste opere
archeologiche. Le interpretazioni delle figure geometriche continuano a evolversi,
contribuendo a gettare luce su una delle espressioni artistiche e culturali più
enigmatiche dell'antichità.

Le Figure Zoomorfe

Le Linee di Nazca sono famose non solo per le loro intricate figure geometriche ma
anche per le raffigurazioni di animali, note come figure zoomorfe, che decorano il
deserto peruviano. Questo capitolo esplora le varie rappresentazioni di creature,
alcune delle quali raggiungono dimensioni gigantesche, lasciando perplessi gli
osservatori moderni sulla motivazione e la maestria tecnica della civiltà Nazca.

Il Colibrì:
Tra le figure zoomorfe più celebri delle Linee di Nazca figura il colibrì. Con le sue ali aperte e il corpo snodato, questa figura, lunga fino a 66 metri, è un esempio straordinario della precisione e della scala delle creazioni Nazca. Si presume che il colibrì potesse avere significati simbolici o cerimoniali legati alla natura o al soprannaturale.

Il Condor:
Un'altra figura iconica è quella del condor, con le sue ali estese che si estendono per oltre 130 metri. Questa rappresentazione di un uccello di grande apertura alare è stata associata a simbolismi religiosi e potrebbe aver avuto connessioni con le credenze delle antiche popolazioni Nazca riguardo al mondo spirituale e alla vita ultraterrena.

Il Ragno:
La figura del ragno è un'altra raffigurazione sorprendente, con le sue zampe intricate che si estendono per oltre 40 metri. Alcuni studiosi suggeriscono che il ragno potrebbe essere associato a credenze legate alla fertilità e alla natura, mentre altri vedono connessioni simboliche più complesse all'interno del sistema di credenze Nazca.

L'Uomo di Nazca:
Una delle figure zoomorfe più enigmatiche è l' "Uomo di Nazca", un disegno dalle dimensioni straordinarie, alto circa 32 metri. La figura, dal tratto stilizzato, ha suscitato molte interpretazioni e teorie, da rappresentazioni mitologiche a simbolismi culturali ancora non del tutto compresi.

Significati e Interpretazioni:
L'interpretazione delle figure zoomorfe rimane un campo di studio complesso. Gli archeologi e gli studiosi hanno avanzato diverse teorie sulla loro funzione, suggerendo possibili collegamenti con rituali religiosi, calendari astronomici o persino indicazioni di risorse naturali. Tuttavia, la vera intenzione dietro queste rappresentazioni rimane in gran parte sfuggente.

Questo capitolo offre uno sguardo approfondito alle figure zoomorfe delle Linee di Nazca, introducendo i lettori alla vastità delle creazioni artistiche e culturali di questa antica civiltà. Le rappresentazioni di animali non solo svelano un alto livello di maestria tecnica, ma sollevano anche domande sul significato simbolico e religioso che queste creature potrebbero aver avuto per gli antichi Nazca.

Interrogativi sulla Finalità

Le Linee di Nazca, con le loro figure geometriche e zoomorfe, generano un intricato labirinto di interrogativi sulla loro finalità. Questo capitolo esplora le diverse teorie e interpretazioni proposte dagli studiosi nel tentativo di gettare luce su ciò che potrebbe aver ispirato la creazione di queste misteriose opere nel deserto peruviano.

Scopi Cerimoniali e Religiosi:
Una delle ipotesi principali suggerisce che le Linee di Nazca fossero utilizzate a scopi cerimoniali o religiosi. Alcuni sostengono che queste figure potessero servire da percorsi rituali, mentre altri suggeriscono che la loro creazione fosse collegata a credenze religiose legate al cosmo o agli elementi naturali.

Collegamenti Astronomici:
Alcune teorie indicano collegamenti astronomici, suggerendo che le figure potessero fungere da giganteschi calendari solari o stellari. L'orientamento di alcune linee rispetto a eventi astronomici significativi, come i solstizi o gli equinozi, ha alimentato queste speculazioni.

Segnalazioni di Risorse:
Un'altra ipotesi suggerisce che le Linee di Nazca potessero essere state utilizzate come segnalazioni per indicare risorse idriche sotterranee o per facilitare il movimento attraverso la regione desertica. Alcune figure sembrano puntare verso specifiche direzioni, alimentando la speculazione sulla possibilità di indicazioni utili per la sopravvivenza.

Manifestazioni Culturali:
Alcuni studiosi ritengono che le Linee di Nazca siano manifestazioni artistiche e culturali intrinseche alla civiltà Nazca, con un significato simbolico che può essere compreso solo attraverso la comprensione della mitologia e delle credenze di quest'antica popolazione.

Simboli di Potere e Prestigio:
Un'altra teoria suggerisce che la creazione delle Linee di Nazca potesse essere stata un simbolo di potere e prestigio per la civiltà Nazca, dimostrando la loro capacità di manipolare e controllare il territorio attraverso imponenti opere artistiche.

Nonostante le molteplici teorie proposte, il capitolo sottolinea che il mistero delle Linee di Nazca persiste, poiché nessuna spiegazione ha ancora raggiunto un consenso unanime. La complessità e l'ampia varietà delle figure lasciano aperte molte possibilità, incoraggiando gli studiosi a continuare a esplorare nuove prospettive e a svelare ulteriori strati di significato dietro questo enigma archeologico.

Tecnica di Creazione e Conservazione

La creazione e la conservazione delle Linee di Nazca rappresentano un aspetto fondamentale del loro enigma. Questo capitolo si concentra sulle tecniche utilizzate per creare queste gigantesche opere nel deserto e sulla sfida di preservarle nel corso dei millenni.

Rimozione del Terreno Rosso:
La tecnica principale impiegata per creare le Linee di Nazca coinvolge la rimozione del terreno rosso superficiale per rivelare il colore più chiaro del sottosuolo. Questa pratica ha richiesto una precisione incredibile, soprattutto considerando le dimensioni estese delle figure e la necessità di mantenere linee diritte e proporzioni accurate su lunghe distanze.

Precisione e Simmetria:
La precisione e la simmetria delle Linee di Nazca sono notevoli, sollevando domande sulle competenze artistiche e tecniche della civiltà Nazca. Come sono riusciti a mantenere la regolarità delle linee e la coerenza delle forme su vasti territori senza l'ausilio di tecnologie avanzate?

Sfide Ambientali:
Le Linee di Nazca sono esposte a una serie di sfide ambientali, tra cui vento, pioggia sporadica e attività sismica. Questi elementi naturali rappresentano una minaccia costante per la conservazione delle linee, poiché possono erodere il terreno e danneggiare le figure. La conservazione attiva è diventata cruciale per preservare queste antiche opere.

Studi Geologici e Tecnologie Moderne:
Studi geologici hanno contribuito a comprendere meglio la composizione del terreno e le influenze ambientali sulle Linee di Nazca. L'uso di tecnologie moderne, come rilevamenti satellitari ad alta risoluzione e droni, ha fornito nuovi strumenti agli studiosi per esaminare le linee senza causare danni fisici.

Accesso Controllato e Turismo Sostenibile:
La gestione del turismo è diventata una componente essenziale per la conservazione delle Linee di Nazca. L'accesso controllato e il turismo sostenibile sono diventati obiettivi prioritari per preservare questi siti unici, bilanciando l'interesse globale con la necessità di proteggere le opere antiche.

Ruolo delle Comunità Locali:
Le comunità locali sono coinvolte attivamente nella conservazione delle Linee di Nazca. La sensibilizzazione sul valore culturale e storico di questi segni contribuisce a coinvolgere la popolazione locale nella protezione e nella gestione sostenibile del patrimonio.

Questo capitolo esamina l'aspetto pratico della creazione delle Linee di Nazca, analizzando le sfide uniche presentate dalla loro conservazione e come la combinazione di studi scientifici, tecnologie moderne e gestione consapevole stia contribuendo a preservare questo straordinario patrimonio culturale per le generazioni future.

Conservazione e Sfide Ambientali

La conservazione delle Linee di Nazca è al centro di un delicato equilibrio tra preservare queste antiche opere e affrontare le sfide ambientali che minacciano il loro stato originale. Questo capitolo esplora le strategie attuali adottate per conservare e proteggere le Linee di Nazca, oltre a considerare le sfide continue legate all'ambiente circostante.

Monitoraggio Costante:
La conservazione delle Linee di Nazca richiede un monitoraggio costante delle condizioni ambientali e dello stato delle figure. I moderni sistemi di monitoraggio satellitare, droni e tecnologie di rilevamento consentono agli studiosi di osservare le linee da diverse prospettive, valutare eventuali danni e rispondere prontamente a minacce emergenti.

Protezione dall'Erosione:
L'erosione è una delle principali minacce alle Linee di Nazca. Le strategie di conservazione includono l'uso di pratiche di ingegneria del suolo per prevenire l'erosione causata da piogge sporadiche e venti forti. La creazione di barriere naturali e la promozione della vegetazione adatta contribuiscono a proteggere le figure nel tempo.

Conservazione Attraverso l'Educazione:
La conservazione delle Linee di Nazca coinvolge anche l'educazione e la sensibilizzazione del pubblico. Programmi educativi mirati a turisti, abitanti locali e visitatori sottolineano l'importanza del rispetto per questi siti storici e il ruolo di ognuno nel preservarli per le generazioni future.

Turismo Sostenibile:
La gestione del turismo è fondamentale per la conservazione delle Linee di Nazca. L'implementazione di pratiche di turismo sostenibile, come l'accesso controllato e la limitazione del numero di visitatori, contribuisce a minimizzare l'impatto ambientale.

Coinvolgimento delle Comunità Locali:

Il coinvolgimento attivo delle comunità locali è essenziale per la conservazione a lungo termine delle Linee di Nazca. L'empowerment delle comunità nel processo decisionale, la promozione del coinvolgimento economico attraverso il turismo responsabile e la valorizzazione della loro conoscenza tradizionale contribuiscono a creare un legame più forte tra le popolazioni locali e il patrimonio circostante.

Sfide Future:
Il capitolo considera anche le sfide future, come il cambiamento climatico e la crescita del turismo, che potrebbero influenzare ulteriormente la conservazione delle Linee di Nazca. La ricerca continua e l'innovazione nelle strategie di conservazione saranno fondamentali per affrontare queste sfide emergenti.

Questo capitolo getta luce sulle attuali strategie di conservazione adottate per proteggere le Linee di Nazca, evidenziando l'importanza di un approccio olistico che consideri non solo gli aspetti tecnici, ma anche il coinvolgimento della comunità e la promozione di pratiche sostenibili per salvaguardare questo straordinario patrimonio.

Turismo e Accesso Controllato

Il turismo svolge un ruolo significativo nella consapevolezza e nella preservazione delle Linee di Nazca. Questo capitolo esplora l'impatto del turismo su queste antiche opere e come gli sforzi per gestire l'afflusso di visitatori siano fondamentali per garantire la loro conservazione a lungo termine.

L'Attrattiva Turistica:
Le Linee di Nazca sono diventate una delle principali attrazioni turistiche del Peru, attirando visitatori da tutto il mondo. La loro enigmatica bellezza e la complessità delle figure geometriche e zoomorfe le rendono un sito unico e affascinante, contribuendo all'interesse globale.

Sfide dell'Afflusso Turistico:
L'incremento del turismo può generare sfide significative per la conservazione delle Linee di Nazca. La pressione dei visitatori, se non gestita adeguatamente, può portare a danni ambientali, erosione del terreno e deterioramento delle figure stesse. La consapevolezza di questi rischi ha spinto a implementare strategie per garantire un turismo sostenibile.

Accesso Controllato:

La gestione dell'accesso è cruciale per proteggere le Linee di Nazca. La creazione di percorsi specifici per i visitatori, l'istituzione di aree di osservazione dedicate e l'imposizione di restrizioni sull'accesso diretto alle figure contribuiscono a minimizzare l'impatto umano e a preservare l'integrità del sito.

Ruolo delle Guide e dell'Educazione:
Le guide turistiche svolgono un ruolo chiave nell'educazione dei visitatori. Fornire informazioni accurate sulle Linee di Nazca, la loro storia e l'importanza della conservazione aiuta a creare una consapevolezza responsabile tra i turisti, incoraggiando comportamenti rispettosi e consapevoli durante le visite.

Turismo Responsabile:
Promuovere il turismo responsabile è un obiettivo fondamentale. Questo comprende l'adozione di pratiche sostenibili, la riduzione dell'impatto ambientale e il rispetto delle regole stabilite per preservare l'integrità delle Linee di Nazca.

Benefici Economici per le Comunità Locali:
Un approccio sostenibile al turismo non solo preserva le Linee di Nazca ma può anche portare benefici economici alle comunità locali. L'impiego diretto di guide locali, l'offerta di prodotti artigianali e l'incentivazione di progetti comunitari contribuiscono a coinvolgere positivamente le popolazioni locali.

Questo capitolo esamina il delicato equilibrio tra turismo e conservazione, sottolineando l'importanza di pratiche gestionali responsabili per garantire che le Linee di Nazca siano preservate per le generazioni future, senza compromettere l'esperienza unica dei visitatori.

Misteri Irrisolti e Nuove Frontiere della Ricerca

Nonostante gli sforzi incessanti di studiosi, archeologi e conservazionisti, le Linee di Nazca continuano a nascondere misteri irrisolti. Questo capitolo esplora le questioni ancora aperte e le nuove frontiere della ricerca che potrebbero portare a una comprensione più profonda di quest'antico enigma.

Origini e Scopo Definitivi:
La domanda fondamentale su chi abbia creato le Linee di Nazca e con quale scopo rimane senza risposta definitiva. Le teorie proposte sono numerose e variano da scopi cerimoniali a significati astronomici o religiosi. Nuove ricerche e scoperte potrebbero offrire ulteriori indizi per risolvere questo enigma.

Tecnologia Antica:

La precisione delle Linee di Nazca, specialmente data la mancanza di tecnologie avanzate dell'epoca, solleva interrogativi sulle capacità tecnologiche degli antichi Nazca. Approfondire la comprensione di come abbiano raggiunto tale precisione potrebbe gettare luce su aspetti tecnologici e ingegneristici della loro civiltà.

Ricerca Geofisica e Archeologica:
Le moderne tecniche di indagine geofisica, come la tomografia a resistività elettromagnetica, offrono nuovi strumenti per esplorare le aree circostanti le linee senza dover intervenire fisicamente sul sito. Questi approcci consentono di scoprire nuove figure o dettagli, arricchendo la comprensione delle Linee di Nazca.

Decifrare i Simboli:
Molti dei simboli e delle figure delle Linee di Nazca rimangono enigmatici per gli studiosi moderni. Il capitolo esplora gli sforzi continuati per decifrare il significato simbolico di queste rappresentazioni, considerando contesti mitologici, culturali e religiosi degli antichi Nazca.

Collegamenti con Altre Culture:
Esistono teorie che suggeriscono connessioni tra le Linee di Nazca e altre culture precolombiane dell'America Latina. Esplorare similitudini o influenze culturali potrebbe ampliare la comprensione del contesto più ampio in cui le Linee di Nazca furono create.

Nuove Scoperte e Scavi:
Si discute anche l'importanza di ulteriori scoperte e scavi archeologici. Approfondire la conoscenza delle strutture associate alle Linee di Nazca e scavare in aree finora inesplorate potrebbe fornire nuovi indizi sulla vita quotidiana, le credenze e la società degli antichi Nazca.

Concludo l'esplorazione delle Linee di Nazca sottolineando che, nonostante i progressi compiuti, molte domande rimangono senza risposta. Gli sforzi continuati nella ricerca e nelle indagini potrebbero aprire nuove prospettive, contribuendo a gettare luce su uno dei più grandi misteri archeologici del mondo.

Capitolo 5: Il Graffito della Sibilla

La Scoperta del Graffito

Nel corso degli scavi archeologici a Pompei, condotti nel corso degli anni, gli archeologi hanno portato alla luce numerosi reperti che offrono uno sguardo dettagliato sulla vita quotidiana di questa antica città romana. Tuttavia, tra i ritrovamenti più straordinari spicca il Graffito della Sibilla. La sua scoperta ha catturato l'attenzione degli studiosi, aggiungendo un elemento di mistero alla storia di Pompei.

Contesto Storico di Pompei:
Pompei, fu tragicamente sepolta sotto una coltre di cenere e lapilli durante l'eruzione del Vesuvio nel 79 d.C. La scoperta di questa città sepolta, ben conservata nel tempo, ha fornito un tesoro di informazioni sulla vita dell'epoca. Tuttavia, tra gli affreschi, le mosaico e le statue, un particolare graffito ha attirato particolare attenzione.

Il Ritrovamento Casuale:
Il Graffito della Sibilla non fu scoperto inizialmente come parte di un'importante ricerca archeologica, ma piuttosto come un ritrovamento casuale durante gli scavi. Un operaio o un archeologo che si muoveva tra gli strati di cenere potrebbe aver notato le scritte sulle pareti di una casa o di un edificio, attirando l'attenzione degli studiosi.

L'Intrigante Messaggio:
Ciò che ha reso il Graffito della Sibilla così intrigante è il suo messaggio enigmatico. Le parole incise sembrano suggerire una conoscenza anticipata dell'eruzione imminente del Vesuvio. La scoperta di questo graffito ha immediatamente sollevato domande sulla sua autenticità, il contesto in cui è stato scritto e se potesse essere considerato un presagio di ciò che stava per accadere.

Risonanza Storica e Culturale:
Il Graffito della Sibilla non è solo un reperto archeologico; è diventato un elemento di grande risonanza storica e culturale. La sua scoperta aggiunge uno strato di complessità alla tragedia di Pompei, suscitando speculazioni e riflessioni sulla vita quotidiana e le credenze degli abitanti di Pompei prima dell'eruzione.

Questo capitolo delinea la scoperta iniziale del Graffito della Sibilla, introducendo il contesto storico di Pompei e gettando le basi per esplorare il significato e le implicazioni di questa enigmatica iscrizione.

L'Inscrizione Misteriosa

Con il Graffito della Sibilla portato alla luce, il focus si sposta sull'analisi dell'iscrizione enigmatica che ha suscitato tanta curiosità e speculazione. Questo capitolo delinea i dettagli dell'iscrizione, esplorando le parole incise e cercando di svelare il loro possibile significato.

Decifrare le Parole:
Gli studiosi hanno dedicato sforzi considerevoli per decifrare e interpretare le parole del Graffito della Sibilla. Questa sezione del capitolo esamina la lingua utilizzata, la grafia delle parole e le sfide associate al processo di traduzione. L'attenzione è focalizzata sulle specifiche parole o frasi che sembrano predire l'eruzione imminente.

Presagio di Catastrofe:
L'iscrizione sembra contenere un avvertimento o una predizione riguardo all'eruzione del Vesuvio. Il capitolo esplora le diverse interpretazioni delle parole, considerando se gli abitanti di Pompei potessero avere un qualche tipo di consapevolezza anticipata del pericolo imminente o se si tratti di una coincidenza linguistica.

Possibili Interpretazioni:
Diverse teorie e interpretazioni sono state proposte nel corso degli anni. Questo capitolo esamina le diverse prospettive, da quelle che sostengono la conoscenza degli abitanti di Pompei a interpretazioni più scettiche che vedono il Graffito della Sibilla come un esempio di divinazione casuale.

Elementi Simbolici:
In aggiunta alle parole stesse, il capitolo analizza eventuali elementi simbolici o grafici presenti nel Graffito della Sibilla. Possibili simbolismi o riferimenti a divinità romane o figure mitologiche vengono esaminati per comprendere meglio il contesto e il significato nascosto dell'iscrizione.

Coincidenza o Conoscenza Anticipata?
Un aspetto centrale della discussione è se il Graffito della Sibilla rappresenti una coincidenza linguistica casuale o se gli abitanti di Pompei possedessero effettivamente una qualche forma di conoscenza premonitrice. Questo capitolo esplora argomenti a sostegno di entrambe le prospettive, senza giungere a conclusioni definitive.

Attraverso l'esame scrupoloso delle parole incise nel Graffito della Sibilla, questo capitolo cerca di gettare luce sulla natura enigmatica e predittiva di questa straordinaria iscrizione, aprendo la strada alle interpretazioni e alle speculazioni che seguiranno.

La Figura della Sibilla

Il misterioso Graffito della Sibilla non solo contiene un enigma linguistico, ma anche un riferimento diretto a una figura mitologica: la Sibilla. Ci focalizziamo ora sull'esplorazione del ruolo della Sibilla nell'antica mitologia e la sua possibile connessione con gli eventi premonitori di Pompei.

Il Mito della Sibilla:
La Sibilla era una figura mitologica presente in diverse tradizioni antiche, incluse quelle greche e romane. Questa sezione del capitolo delinea i tratti distintivi delle Sibille, donne dotate di capacità profetiche spesso collegate a luoghi sacri, e come esse erano considerate mediatori tra gli dèi e gli esseri umani.

Possibile Significato Simbolico:
Gli studiosi hanno speculato sul possibile significato simbolico della Sibilla nel contesto del Graffito di Pompei. Questo capitolo esamina se la figura della Sibilla potesse essere stata evocata come un simbolo di avvertimento o una rappresentazione di una forza mistica in grado di prevedere il futuro.

Ruolo della Divinazione:
La divinazione e le pratiche profetiche erano parte integrante della vita quotidiana nell'antica Roma. La Sibilla, in quanto figura associata a doni profetici, poteva essere considerata un mezzo attraverso il quale gli abitanti di Pompei cercavano di interpretare il loro destino. Questo capitolo esplora il ruolo delle pratiche divinatorie nella società romana dell'epoca.

Confronto con Altre Figure Profetiche:
Per comprendere meglio il ruolo della Sibilla nel Graffito, il capitolo confronta questa figura con altre figure profetiche presenti nelle culture antiche. Si esaminano le somiglianze e le differenze, cercando di individuare gli elementi chiave che possono aver ispirato l'uso della Sibilla nel contesto di Pompei.

Possibile Culto o Adorazione:
Alcune speculazioni ruotano attorno alla possibilità che la Sibilla fosse oggetto di un culto o di un qualche tipo di adorazione nella comunità di Pompei. Questo capitolo esplora come la figura della Sibilla potesse essere stata integrata nelle pratiche religiose o spirituali degli abitanti della città.

Attraverso l'analisi della figura della Sibilla, questo capitolo cerca di gettare luce sulla simbologia e sul significato intrinseco della misteriosa iscrizione di Pompei, aprendo la strada a ulteriori riflessioni sulla sua connessione con l'eruzione del Vesuvio.

Interpretazioni e Speculazioni

Con il contesto della Sibilla delineato nel paragrafo precedente, questo capitolo si concentra sulle varie interpretazioni e speculazioni formulate nel corso degli anni riguardo al Graffito della Sibilla a Pompei. Gli studiosi hanno cercato di decifrare il messaggio, valutare la sua autenticità e comprendere come gli abitanti di Pompei avrebbero potuto percepire questa enigmatica predizione.

Teorie sulla Fonte della Conoscenza:
Una delle questioni centrali è se gli abitanti di Pompei possedessero effettivamente una fonte di conoscenza premonitrice o se il Graffito della Sibilla fosse basato su superstizioni locali. Questo capitolo esplora teorie che suggeriscono la possibilità di conoscenze premonitrici diffuse o, al contrario, la casualità delle iscrizioni.

Prove Archeologiche e Contesto Urbano:
Gli studiosi hanno analizzato prove archeologiche per determinare se il Graffito della Sibilla fosse un caso isolato o parte di una pratica più ampia. Esplorando il contesto urbano di Pompei, il capitolo cerca di stabilire se simili presagi o graffiti profetici fossero comuni nella città.

Espressione di Paura o Preoccupazione:
Alcune interpretazioni suggeriscono che il Graffito della Sibilla potesse essere un'espressione collettiva di paura o preoccupazione tra gli abitanti di Pompei. Il capitolo esplora la possibilità che il messaggio fosse una reazione collettiva alla crescente attività sismica e ai segnali precedenti all'eruzione.

Coincidenze Linguistiche e Semantica:
Gli aspetti linguistici e semantici dell'iscrizione sono analizzati per stabilire se il Graffito della Sibilla potesse essere semplicemente una coincidenza linguistica o una sorta di gioco di parole basato sulla somiglianza di suoni o radici linguistiche.

Speculazioni sull'Autore:
Il capitolo considera varie speculazioni riguardo all'autore del Graffito della Sibilla. Potrebbe essere stato scritto da un individuo specifico o riflettere una tradizione di conoscenze trasmesse oralmente? Queste speculazioni influiscono sulla credibilità dell'iscrizione.

Risonanza nella Storia Successiva:
Si esplora anche come il Graffito della Sibilla abbia influenzato le successive interpretazioni storiche e culturali di Pompei. Come è stato recepito nel corso del tempo e come la sua interpretazione potrebbe essere cambiata in base ai contesti storici successivi?

Vi ho offerto una panoramica delle diverse interpretazioni e speculazioni che hanno circondato il Graffito della Sibilla nel corso degli anni, sottolineando la complessità e la multidimensionalità di questa enigmatica iscrizione.

Contesto Storico di Pompei

Per comprendere appieno il significato e l'importanza del Graffito della Sibilla, è essenziale esaminare il contesto storico di Pompei nel periodo antecedente all'eruzione del Vesuvio nel 79 d.C. Questo capitolo offre una visione dettagliata della vita quotidiana, della cultura e delle credenze degli abitanti di Pompei, gettando luce sui fattori che potrebbero aver influenzato la creazione e la percezione di questa enigmatica iscrizione.

Prospettiva Sociale ed Economica:
Si esamina la struttura sociale di Pompei, inclusi stratificazioni sociali, occupazioni prevalenti e la ricchezza relativa degli abitanti. Questo contesto sociale può influire sulle preoccupazioni e le prospettive della popolazione riguardo agli eventi imminenti.

Cultura Religiosa e Credenze:
La vita religiosa a Pompei era intrisa di pratiche pagane e influenze mitologiche. Questo capitolo esplora le credenze religiose, le divinità venerate e la presenza di pratiche divinatorie nella cultura della città. La Sibilla, come figura mitologica, potrebbe essere stata rilevante in questo contesto.

Condizioni Politiche e Sociali:
La situazione politica e sociale di Pompei, con il suo legame con la città di Roma, è considerata per comprendere eventuali influenze esterne che potrebbero aver contribuito alle preoccupazioni o alle aspettative degli abitanti. Le dinamiche politiche e sociali potevano riflettersi nelle espressioni della popolazione.

Segni Premonitori:
Gli abitanti di Pompei potevano essere consapevoli di segni premonitori, come attività sismica crescente o altri fenomeni naturali che precedettero l'eruzione. Esaminare la percezione di questi segnali e la loro interpretazione fornisce un quadro più completo delle circostanze che potrebbero aver contribuito alla creazione del Graffito della Sibilla.

Storia di Eventi Simili:
Ipotizziamo se Pompei avesse una storia di eventi naturali catastrofici precedenti che potrebbero aver influenzato le credenze e le risposte degli abitanti. Eventi passati, se davvero accaduti, avrebbero potuto plasmare la mentalità della comunità nei confronti delle minacce imminenti?.

Riscontri Archeologici:
Riscontri archeologici relativi a pratiche di divinazione, graffiti simili o altri reperti che riflettono la preoccupazione per il futuro sono esaminati. Queste scoperte possono confermare o contestare la singolarità del Graffito della Sibilla.

Questo punto getta uno sguardo approfondito sul contesto storico di Pompei, esaminando gli elementi sociali, religiosi, politici e naturali che avrebbero potuto contribuire alla creazione e alla percezione del Graffito della Sibilla nella vigilia dell'eruzione del Vesuvio.

Le Reazioni della Comunità

Con il Graffito della Sibilla come potenziale indicazione di eventi imminenti, questo capitolo si concentra sulle reazioni della comunità di Pompei di fronte a questa prospettiva. Attraverso la lente delle testimonianze storiche e delle scoperte archeologiche, si esplorano le possibili risposte degli abitanti di fronte alla prospettiva di un disastro imminente.

Evidenze di Preoccupazione:
Si esaminano possibili segni di preoccupazione tra la popolazione, inclusi graffiti, scritti o testimonianze di comportamenti che potrebbero indicare una crescente consapevolezza o ansietà riguardo al futuro. L'analisi di queste evidenze fornisce uno sguardo diretto sulla mentalità della comunità.

Risposte Individuali e Collettive:
Il capitolo esplora se le reazioni alla prospettiva di un evento catastrofico fossero principalmente individuali o se si manifestarono anche su scala collettiva. Le dinamiche sociali e le influenze reciproche tra gli abitanti di Pompei sono considerate per comprendere come la comunità potesse affrontare questa possibile minaccia.

Coinvolgimento delle Autorità:
Si analizza se le autorità cittadine o religiose avessero un ruolo nelle reazioni della comunità. Le decisioni prese dalle figure di autorità, se documentate, possono offrire informazioni sulle strategie adottate per gestire la situazione e se ci fosse un coordinamento di risposte a livello comunitario.

Possibili Misure di Precauzione:
Le prove archeologiche o storiche di misure di precauzione, come l'evacuazione di parti della città o la raccolta di risorse, sono esaminate. Queste misure potrebbero riflettere un tentativo della comunità di prepararsi in qualche modo alla possibile catastrofe.

Rifugi o Zone Sicure:

L'identificazione di rifugi o zone considerate sicure fornisce informazioni su come gli abitanti di Pompei potessero cercare protezione durante l'eruzione. Questo aspetto del capitolo esplora se esistessero piani o luoghi designati per affrontare situazioni di emergenza.

Elementi di Continuità nella Vita Quotidiana:
In contrasto con le possibili misure di emergenza, questo capitolo esamina se ci fossero elementi di continuità nella vita quotidiana. Gli abitanti di Pompei potrebbero aver cercato di mantenere la normalità nelle attività quotidiane, nonostante la minaccia imminente.

Queste considerazioni offrono uno sguardo dettagliato sulle reazioni della comunità di Pompei di fronte alla prospettiva di un disastro imminente, cercando di comprendere come le persone abbiano affrontato e risposto a una situazione così straordinaria.

Eruzioni del Vesuvio e Influenza del Graffito

Questo capitolo analizza le eruzioni del Vesuvio avvenute nel 79 d.C. e la possibile influenza del Graffito della Sibilla sulle decisioni e le percezioni della popolazione di Pompei durante questi eventi catastrofici.

Descrizione dell'Eruzione:
Una panoramica dettagliata delle eruzioni del Vesuvio nel 79 d.C. viene fornita, inclusi i dettagli sui tempi, le fasi e gli effetti devastanti sulle città di Pompei, Ercolano e Stabia. L'obiettivo è comprendere la portata della catastrofe che ha colpito la regione.

Confronto con le Previsioni del Graffito:
Il Graffito della Sibilla viene confrontato con gli eventi reali dell'eruzione del Vesuvio. Si esamina se le anticipazioni descritte nell'iscrizione si siano effettivamente avverate o se ci siano discordanze. Questo confronto aiuta a valutare la validità delle presunte conoscenze premonitrici.

Ruolo del Graffito nelle Decisioni:
Come il Graffito della Sibilla potrebbe aver influenzato le decisioni e i comportamenti degli abitanti di Pompei durante l'eruzione?. Se esistessero prove o testimonianze di persone che facevano riferimento al graffito o che ne prendevano in considerazione le indicazioni, ciò fornirebbe un'indicazione della sua influenza nella vita quotidiana.

Registrazioni Storiche e Resoconti degli Sopravvissuti:
Si esamina se ci siano registrazioni storiche o resoconti di sopravvissuti che
menzionano il Graffito della Sibilla. Questi documenti possono offrire preziosi indizi
su come la popolazione percepisse il graffito e se lo considerasse rilevante nella
situazione di emergenza.

Impatto sulla Storia Successiva di Pompei:
Questa ricerca esplora come la scoperta postuma del Graffito della Sibilla abbia
influenzato la storia e l'interpretazione di Pompei nel corso dei secoli. Si considera se
il graffito sia stato visto come un avvertimento trascurato o come un elemento chiave
nel comprendere il destino della città.

Valutazione della Significatività del Graffito:
Si discute se, alla luce degli eventi dell'eruzione, il Graffito della Sibilla sia stato
considerato significativo dalla comunità o se, retrospettivamente, sia stato visto come
un dettaglio trascurato. Questa valutazione aiuta a delineare il ruolo del graffito nel
contesto storico.

Questo scritto mira a collegare la prospettiva del Graffito della Sibilla con gli eventi
reali dell'eruzione del Vesuvio, esaminando come la conoscenza presunta di questi
eventi potesse influenzare la vita e le decisioni degli abitanti di Pompei in quel
tragico momento.

Capitolo 6: La zona di Silenzio

La zona di Silenzio è un'area affascinante situata nel deserto del Chihuahua in Messico. Questa regione è diventata nota per le sue particolarità, caratterizzate da anomalie magnetiche e interferenze radio, che hanno alimentato teorie e leggende sulla sua natura misteriosa e inspiegabile.

Posizione Geografica:
La zona di Silenzio occupa una vasta estensione di territorio nel deserto del Chihuahua, nel nord del Messico. Situata a nord-ovest di Ciudad Durango, la sua posizione remota e l'accessibilità limitata contribuiscono a creare un'atmosfera di isolamento e mistero. La regione circostante è caratterizzata da paesaggi desertici spettacolari, con dune di sabbia, cactus e formazioni rocciose che amplificano la sensazione di essere in un luogo lontano da insediamenti urbani. La sua collocazione geografica in un deserto solitario aggiunge un elemento di avventura e sfida per coloro che si avventurano a esplorare questo territorio enigmatico nel cuore del Messico.

Anomalie Magnetiche:
Una delle caratteristiche più peculiari della zona di Silenzio è rappresentata dalle anomalie magnetiche che la contraddistinguono. Strumenti di navigazione, come le bussole, spesso mostrano comportamenti irregolari in questa regione, sconvolgendo la normale orientazione magnetica. Questo fenomeno ha suscitato l'interesse della comunità scientifica, che ha cercato di comprendere le ragioni di tali variazioni magnetiche. La presenza di queste anomalie ha contribuito ad alimentare la speculazione sulle cause sottostanti, spaziando da eventi geologici complessi a teorie più fantasiose legate a eventi extraterrestri o a fenomeni paranormali. La combinazione di queste anomalie magnetiche con l'isolamento geografico ha creato un terreno fertile per la nascita di leggende e storie misteriose attorno a questa regione unica.

Interferenze Radio:
Oltre alle enigmatiche anomalie magnetiche, un altro elemento distintivo della zona di Silenzio è rappresentato dalle interferenze radio che si verificano in questa regione. Le comunicazioni radio, inclusi segnali provenienti da stazioni radio e frequenze di trasmissione, spesso subiscono disturbi o perdono di intensità mentre attraversano questo territorio. Questo fenomeno ha catturato l'attenzione di scienziati e appassionati del paranormale, generando dibattiti sulla possibile origine di tali interferenze. Mentre alcune spiegazioni potrebbero essere legate a fattori geologici o atmosferici, altre teorie più speculative coinvolgono concetti come campi energetici

anomali o interferenze di origine extraterrestre. L'incrocio di anomalie magnetiche e interferenze radio contribuisce a creare un ambiente unico e intrigante che continua a stimolare la curiosità e la speculazione.

Teorie e Speculazioni:
La presenza delle anomalie magnetiche e delle interferenze radio nella zona di Silenzio ha alimentato un ampio spettro di teorie e speculazioni. Gli studiosi e gli esperti si sono impegnati nella ricerca di spiegazioni scientifiche, concentrandosi su fenomeni geologici o atmosferici che potrebbero giustificare tali comportamenti anomali. Tuttavia, la natura enigmatica di questi fenomeni ha anche dato origine a ipotesi più audaci e fantasiose. Alcuni sostengono che la zona possa essere un punto di connessione con realtà parallele o che sia influenzata da energie sconosciute. Le teorie legate a presunte attività extraterrestri o a fenomeni paranormali hanno contribuito a consolidare la reputazione della zona di Silenzio come luogo di mistero e curiosità, attirando l'attenzione di ricercatori del paranormale e appassionati di fenomeni inspiegabili. In questo intricato intreccio di teorie, la zona di Silenzio continua a sfidare le spiegazioni convenzionali, aggiungendo un ulteriore strato di enigma al suo status di luogo misterioso nel deserto del Chihuahua.

Leggende Locali:
La zona di Silenzio è avvolta da un fitto velo di leggende locali che si sono tramandate attraverso le generazioni. Queste storie spesso combinano elementi scientifici con il ricco folklore della regione, creando un ambiente in cui la zona assume una connotazione quasi magica o mistica nell'immaginario collettivo. Alcune leggende narrano di viaggiatori smarriti che avrebbero sperimentato fenomeni paranormali, mentre altre attribuiscono le anomalie magnetiche a eventi storici o mitologici. Queste narrazioni non solo riflettono la complessità delle percezioni culturali della zona di Silenzio, ma contribuiscono anche a mantenere vivo il suo fascino misterioso nella cultura locale. La tradizione orale ha svolto un ruolo significativo nel plasmare la percezione della zona, trasmettendo storie che amplificano l'aura di mistero e meraviglia che la circonda.

Attrazione Turistica:
Nonostante la sua natura isolata e gli enigmi che la circondano, la zona di Silenzio è diventata una sorta di destinazione turistica per coloro che cercano esperienze uniche e misteriose. Visitatori, esploratori e appassionati di fenomeni paranormali si dirigono verso questa regione per sperimentare di persona le sue peculiarità. Gli operatori turistici locali offrono tour specializzati che guidano i visitatori attraverso il deserto del Chihuahua, fornendo informazioni sulla storia, sulle leggende e sulle teorie legate

alla zona di Silenzio. L'attrazione turistica è alimentata dalla promessa di avventura, dalla curiosità di esplorare un luogo fuori dal comune e dall'opportunità di gettare uno sguardo diretto su fenomeni che sfidano spiegazioni convenzionali. Nonostante il suo isolamento geografico, la zona di Silenzio continua a echeggiare con la voce dei visitatori che si avventurano nel deserto per svelare i suoi segreti e, allo stesso tempo, contribuisce a preservare la sua aura di mistero nel panorama turistico messicano.

Il Codice Voynich è un enigmatico manoscritto illustrato risalente al XV secolo, diventato uno dei misteri più affascinanti e indecifrabili della storia della criptografia. Il documento prende il nome da Wilfrid Voynich, il libraio che lo acquistò nel 1912, e da allora ha sfidato innumerevoli studiosi e crittografi nel tentativo di svelare il significato di testi e immagini che sembrano appartenere a un mondo alieno.

Contenuto del Manoscritto:
Il cuore del mistero del Codice Voynich risiede nel suo contenuto intricato e enigmatico. Le circa 240 pagine del manoscritto sono abbondantemente illustrate con dettagliate rappresentazioni di piante sconosciute, figure umane in pose suggestive, mappe astronomiche e simboli alchemici. Ogni pagina presenta un testo scritto in una lingua indecifrabile, caratterizzata da simboli e grafemi che sfidano qualsiasi tentativo di traduzione. La combinazione di testo e illustrazioni crea un'opera che sembra appartenere a un mondo completamente estraneo, tanto da suscitare la curiosità e la perplessità di chiunque cerchi di comprenderne il significato. Le immagini, spesso stilizzate e fantasiose, aggiungono ulteriore complessità al manoscritto, rendendolo unico nel suo genere e ancora più difficile da interpretare.

Lingua Indecifrabile:
Uno degli aspetti più intriganti del Codice Voynich è rappresentato dalla lingua misteriosa in cui è scritto. Gli studiosi, i linguisti e i crittografi hanno dedicato sforzi considerevoli nel tentativo di identificare la lingua o trovare similitudini con lingue conosciute, ma finora ogni tentativo è stato vano. La mancanza di un contesto linguistico noto rende estremamente complesso decifrare il significato dei simboli e dei caratteri presenti nel manoscritto. La lingua del Codice Voynich resta un enigma indissolubile, alimentando la frustrazione degli studiosi e accrescendo la sua aura di inspiegabilità.

Teorie e Ipotesi sulla Lingua:
Le teorie riguardanti la lingua del Codice Voynich sono numerose e variegate. Alcuni esperti suggeriscono che potrebbe trattarsi di un codice elaborato, mentre altri ipotizzano l'uso di una lingua artificiale o completamente inventata. Le analisi linguistiche non hanno prodotto risultati conclusivi, e la mancanza di elementi di confronto ha reso ancora più difficile stabilire una connessione con qualsiasi sistema linguistico noto. Questo rende la lingua del Codice Voynich uno dei principali ostacoli alla sua decifrazione e un elemento centrale nella sua continua sfida agli sforzi interpretativi.

Teorie e Ipotesi sul Contenuto:
Le molteplici teorie sull'effettivo contenuto del Codice Voynich riflettono la diversità
di opinioni e approcci da parte degli studiosi che hanno tentato di penetrare il suo
enigma. Alcuni sostengono che il manoscritto possa contenere informazioni segrete
riguardanti la medicina o la botanica, basandosi sulle dettagliate illustrazioni di piante
e presunti riferimenti a erbe medicinali. Altri avanzano l'ipotesi che il codice sia un
trattato alchemico, mentre alcune teorie più audaci suggeriscono che possa contenere
conoscenze avanzate, addirittura extraterrestri, o indicazioni per l'accesso a
dimensioni alternative. Questa varietà di interpretazioni riflette la difficoltà nel
trovare un filo conduttore coerente nel complesso intreccio di testo e immagini
presenti nel manoscritto.

Misteriose Immagini e Simboli:
Le immagini e i simboli del Codice Voynich aggiungono un livello di complessità al
suo significato. Le rappresentazioni di piante non identificabili, figure umane in
posture enigmatiche e dettagli astronomici stilizzati hanno generato speculazioni su
significati nascosti. Alcune teorie suggeriscono che le illustrazioni potrebbero essere
allegorie, mentre altre ritengono che rappresentino concetti più concreti, come mappe
o schemi alchemici. La mancanza di chiavi di lettura e di riferimenti noti rende però
arduo discernere la vera natura e l'intento di queste immagini, alimentando il mistero
e la continua ricerca di chiavi interpretative.

Sforzi di Studio e Decifrazione:
Il Codice Voynich ha attirato l'attenzione di numerosi studiosi, linguisti e crittografi
nel corso dei secoli, e molti hanno dedicato parte della loro carriera nel tentativo di
decifrare il suo contenuto. Metodi tradizionali di crittografia, analisi linguistica e
tentativi di trovare pattern ricorrenti sono stati applicati senza successo definitivo. Gli
sforzi più recenti hanno coinvolto anche approcci computazionali avanzati, e
utilizzando algoritmi per cercare di trovare una chiave di lettura. Tuttavia, finora,
nessun progresso significativo è stato compiuto, e il manoscritto rimane
ostinatamente impenetrabile, mantenendo la sua posizione di uno dei più grandi
enigmi della storia della scrittura.

Complessità e Originalità:
La complessità del Codice Voynich, sia a livello linguistico che iconografico,
testimonia della sua originalità e sfida costante alla comprensione umana. La
mancanza di paragoni e il suo status di unicum rendono difficile stabilire modelli o
riferimenti che potrebbero portare a una soluzione. La combinazione di un testo
indecifrabile e di immagini straordinarie ha contribuito a creare un'opera senza
precedenti, il cui significato rimane un segreto ben custodito nel corso dei secoli.

Il Codice Voynich è un enigmatico manoscritto illustrato risalente al XV secolo, diventato uno dei misteri più affascinanti e indecifrabili della storia della criptografia. Il documento prende il nome da Wilfrid Voynich, il libraio che lo acquistò nel 1912, e da allora ha sfidato innumerevoli studiosi e crittografi nel tentativo di svelare il significato di testi e immagini che sembrano appartenere a un mondo alieno.

Contenuto del Manoscritto:
Il cuore del mistero del Codice Voynich risiede nel suo contenuto intricato e enigmatico. Le circa 240 pagine del manoscritto sono abbondantemente illustrate con dettagliate rappresentazioni di piante sconosciute, figure umane in pose suggestive, mappe astronomiche e simboli alchemici. Ogni pagina presenta un testo scritto in una lingua indecifrabile, caratterizzata da simboli e grafemi che sfidano qualsiasi tentativo di traduzione. La combinazione di testo e illustrazioni crea un'opera che sembra appartenere a un mondo completamente estraneo, tanto da suscitare la curiosità e la perplessità di chiunque cerchi di comprenderne il significato. Le immagini, spesso stilizzate e fantasiose, aggiungono ulteriore complessità al manoscritto, rendendolo unico nel suo genere e ancora più difficile da interpretare.

Lingua Indecifrabile:
Uno degli aspetti più intriganti del Codice Voynich è rappresentato dalla lingua misteriosa in cui è scritto. Gli studiosi, i linguisti e i crittografi hanno dedicato sforzi considerevoli nel tentativo di identificare la lingua o trovare similitudini con lingue conosciute, ma finora ogni tentativo è stato vano. La mancanza di un contesto linguistico noto rende estremamente complesso decifrare il significato dei simboli e dei caratteri presenti nel manoscritto. La lingua del Codice Voynich resta un enigma indissolubile, alimentando la frustrazione degli studiosi e accrescendo la sua aura di inspiegabilità.

Teorie e Ipotesi sulla Lingua:
Le teorie riguardanti la lingua del Codice Voynich sono numerose e variegate. Alcuni esperti suggeriscono che potrebbe trattarsi di un codice elaborato, mentre altri ipotizzano l'uso di una lingua artificiale o completamente inventata. Le analisi linguistiche non hanno prodotto risultati conclusivi, e la mancanza di elementi di confronto ha reso ancora più difficile stabilire una connessione con qualsiasi sistema linguistico noto. Questo rende la lingua del Codice Voynich uno dei principali ostacoli alla sua decifrazione e un elemento centrale nella sua continua sfida agli sforzi interpretativi.

Teorie e Ipotesi sul Contenuto:
Le molteplici teorie sull'effettivo contenuto del Codice Voynich riflettono la diversità di opinioni e approcci da parte degli studiosi che hanno tentato di penetrare il suo enigma. Alcuni sostengono che il manoscritto possa contenere informazioni segrete riguardanti la medicina o la botanica, basandosi sulle dettagliate illustrazioni di piante e presunti riferimenti a erbe medicinali. Altri avanzano l'ipotesi che il codice sia un trattato alchemico, mentre alcune teorie più audaci suggeriscono che possa contenere conoscenze avanzate, addirittura extraterrestri, o indicazioni per l'accesso a dimensioni alternative. Questa varietà di interpretazioni riflette la difficoltà nel trovare un filo conduttore coerente nel complesso intreccio di testo e immagini presenti nel manoscritto.

Misteriose Immagini e Simboli:
Le immagini e i simboli del Codice Voynich aggiungono un livello di complessità al suo significato. Le rappresentazioni di piante non identificabili, figure umane in posture enigmatiche e dettagli astronomici stilizzati hanno generato speculazioni su significati nascosti. Alcune teorie suggeriscono che le illustrazioni potrebbero essere allegorie, mentre altre ritengono che rappresentino concetti più concreti, come mappe o schemi alchemici. La mancanza di chiavi di lettura e di riferimenti noti rende però arduo discernere la vera natura e l'intento di queste immagini, alimentando il mistero e la continua ricerca di chiavi interpretative.

Sforzi di Studio e Decifrazione:
Il Codice Voynich ha attirato l'attenzione di numerosi studiosi, linguisti e crittografi nel corso dei secoli, e molti hanno dedicato parte della loro carriera nel tentativo di decifrare il suo contenuto. Metodi tradizionali di crittografia, analisi linguistica e tentativi di trovare pattern ricorrenti sono stati applicati senza successo definitivo. Gli sforzi più recenti hanno coinvolto anche approcci computazionali avanzati, e utilizzando algoritmi per cercare di trovare una chiave di lettura. Tuttavia, finora, nessun progresso significativo è stato compiuto, e il manoscritto rimane ostinatamente impenetrabile, mantenendo la sua posizione di uno dei più grandi enigmi della storia della scrittura.

Complessità e Originalità:
La complessità del Codice Voynich, sia a livello linguistico che iconografico, testimonia della sua originalità e sfida costante alla comprensione umana. La mancanza di paragoni e il suo status di unicum rendono difficile stabilire modelli o riferimenti che potrebbero portare a una soluzione. La combinazione di un testo indecifrabile e di immagini straordinarie ha contribuito a creare un'opera senza precedenti, il cui significato rimane un segreto ben custodito nel corso dei secoli.

Frustrazione e Ammirazione:

La frustrazione dei ricercatori nel non riuscire a decifrare il Codice Voynich è accompagnata da una profonda ammirazione per la sua resistenza all'analisi. Questo antico manoscritto continua a rappresentare una delle sfide più significative nella storia della crittografia e della decifrazione linguistica. La sua capacità di resistere agli sforzi umani di comprensione ha contribuito a mantenerne intatta la fama e l'aura di mistero, consolidando il suo status di uno dei tesori indecifrabili dell'umanità.

Stato Attuale del Mistero:
A oggi, il Codice Voynich conserva il suo stato di mistero praticamente inalterato, sfidando ogni tentativo di svelare il significato nascosto nelle sue pagine. Nonostante i progressi nella tecnologia e nella crittografia, nessuna chiave di lettura è stata trovata per decifrare il suo contenuto intricato. Questa persistente inaccessibilità ha mantenuto il manoscritto al centro di ferventi discussioni accademiche e di speculazioni nella cultura popolare.

Influenza Culturale:
Il Codice Voynich ha lasciato un'impronta indelebile nella cultura e nell'immaginario collettivo. La sua fama si è diffusa ben oltre i confini accademici, diventando fonte di ispirazione per opere di fiction, film e anche per il mondo dell'arte. La sua aura di segreto impenetrabile lo rende un soggetto affascinante per coloro che si interessano a enigmi irrisolti e a misteri avvolti nel velo dell'incomprensibilità.

Prospettive Future:
La prospettiva di decifrare il Codice Voynich rimane un obiettivo allettante per gli studiosi e gli appassionati. La speranza di svelare il significato di questa antica opera continua a stimolare nuovi approcci e tecniche di analisi. Il progresso nella decifrazione del codice potrebbe aprirsi a nuove intuizioni sulla storia, la cultura o le scienze antiche, rendendo il Codice Voynich non solo un enigma del passato, ma anche una chiave per comprendere aspetti ancora sconosciuti della conoscenza umana. Tuttavia, fino a quando il segreto del Codice Voynich rimarrà invalicabile, esso manterrà la sua posizione di sfida insuperata e di fonte di costante fascinazione.

Il Mostro di Mothman(conosciuto anche come Uomo Falena) è un fenomeno enigmatico che ha affascinato la cittadina di Point Pleasant, Virginia, negli anni '60. Descritte come creature alate dalle sembianze umanoidi,gli avvistamenti sono stati associati a presagi di tragedie imminenti. Questo capitolo esplorerà gli eventi legati al Mostro di Mothman e il loro impatto sulla comunità locale.

Il Mostro di Mothman è descritto come una figura alata dalla statura umanoide, con ali membranose che ricordano quelle di un pipistrello o di una farfalla gigante. La sua caratteristica più distintiva è la presenza di grandi occhi rossi luminosi, che emettono una luce intensa. La figura di Mothman è spesso associata a una sensazione di inquietudine e mistero, con la sua presenza che si manifesta in modo improvviso e fugace. Le testimonianze oculari convergono sulla somiglianza della creatura a una sorta di uomo-alato, e le sue apparizioni sono spesso correlate a eventi tragici o disastri imminenti, aggiungendo un elemento di premonizione alla sua figura. La leggenda di Mothman è permeata da un'aura di mistero e incertezza, poiché la sua vera natura e scopo restano oggetto di speculazione e dibattito.

Avvistamenti e Descrizioni:
Gli avvistamenti del Mostro di Mothman sono stati documentati in dettaglio da numerosi testimoni oculari nel corso degli anni '60 a Point Pleasant, Virginia. Le creature descritte sono generalmente raffigurate come esseri alati con una statura umanoide, ali membranose e grandi occhi rossi luminosi. Testimoni provenienti da diverse parti della comunità hanno condiviso esperienze simili, contribuendo a creare una narrazione coerente intorno alle caratteristiche distintive di Mothman. Questi racconti dettagliati hanno alimentato la curiosità e l'inquietudine tra gli abitanti di Point Pleasant, dando inizio a una leggenda che avrebbe lasciato un'impronta indelebile sulla comunità e oltre.

Presagi di Tragedie:
Ciò che ha reso il Mostro di Mothman particolarmente sinistro è la sua presunta connessione con eventi tragici imminenti. Numerosi avvistamenti di Mothman sono stati riferiti poco prima di situazioni di pericolo o disastri nella zona. L'evento più noto è il crollo del Silver Bridge avvenuto nel 1967, che collegava Point Pleasant a Gallipolis, Ohio. La leggenda vuole che Mothman sia stato avvistato poco prima di questa tragedia, aggiungendo un elemento di premonizione inquietante alla figura di Mothman. Questa correlazione tra avvistamenti ed eventi nefasti ha contribuito a consolidare la reputazione di Mothman come una creatura associata a presagi oscuri e a un senso di apprensione nella comunità.

Risonanza Culturale:
La storia del Mostro di Mothman ha superato i confini di Point Pleasant, diventando
un elemento rilevante nella cultura popolare. Libri, documentari e film hanno
amplificato la leggenda di Mothman, portando la sua storia a un pubblico globale.
L'aura di mistero, premonizione e soprannaturalità associata a Mothman ha catturato
l'immaginazione di molte persone, contribuendo a trasformare la figura in un'icona
del folklore moderno. La risonanza culturale di Mothman è palpabile anche al di fuori
dei contesti legati all'ufologia e al paranormale, riflettendo l'influenza duratura di
questa leggenda urbana.

Ipotesi e Teorie:
Il fenomeno del Mostro di Mothman ha dato vita a un ampio spettro di ipotesi e teorie
mirate a spiegare la sua esistenza. Alcuni ricercatori suggeriscono spiegazioni più
razionali, come avvistamenti di uccelli notturni o il riflesso di luci nella nebbia,
cercando di ridurre la leggenda a eventi naturali. Al contrario, ci sono teorie più
mistiche e paranormali che considerano Mothman come un essere inter-dimensionale,
un emissario di forze soprannaturali o persino un presagio della tragedia. L'ampia
gamma di interpretazioni evidenzia la complessità e l'ambiguità del fenomeno,
alimentando un dibattito continuo sulla vera natura di Mothman e il significato dietro
i suoi avvistamenti.

Impatto sulla Comunità:
"L'Uomo Falena" ha lasciato un'impronta indelebile sulla comunità di Point Pleasant.
Gli avvistamenti, spesso associati a presagi di tragedie, hanno generato tensioni e
ansie tra gli abitanti. La paura del soprannaturale e l'incertezza riguardo al significato
di Mothman hanno contribuito a plasmare la percezione locale degli eventi futuri. La
comunità ha vissuto un periodo di turbolenza psicologica, con il Mostro di Mothman
come una presenza costante che aleggia nell'aria, aggiungendo un elemento di
mistero e apprensione al tessuto sociale della cittadina.

Ricerca e Inchieste:
Nel corso degli anni, numerosi ricercatori e studiosi hanno intrapreso sforzi per
indagare sul fenomeno del Mostro di Mothman. Le indagini sono state condotte
utilizzando una varietà di approcci, dalla scienza all'ufologia e al paranormale. Alcuni
esperti hanno cercato di applicare metodologie scientifiche per spiegare gli
avvistamenti, mentre altri hanno esplorato il contesto storico e culturale di Point
Pleasant per comprendere meglio il significato di Mothman nella psiche della
comunità. Tuttavia, nonostante gli sforzi, la leggenda di Mothman continua a sfuggire
a una spiegazione chiara e accettata universalmente. Questa persistente incertezza
contribuisce a mantenere viva la fascinazione intorno a Mothman e alimenta il
desiderio di scoprire la verità dietro questa misteriosa figura alata.

Il film:

"The Mothman Prophecies" (Le profezie dell'uomo falena), diretto da Mark Pellington e uscito nel 2002. Questo thriller psicologico si basa sul libro omonimo di John A. Keel, che narra di eventi inspiegabili e fenomeni paranormali verificatisi a Point Pleasant, West Virginia, negli anni '60, con particolare attenzione al mito del Mostro di Mothman.

Richard Gere interpreta il protagonista, il giornalista John Klein, il cui personaggio è ispirato a John A. Keel. Dopo la morte improvvisa di sua moglie, Klein si ritrova coinvolto in una serie di strani eventi e si dirige a Point Pleasant, dove scopre che la comunità è afflitta da presagi e apparizioni di Mothman. Il film esplora la psicologia dei personaggi, la percezione del soprannaturale e il senso di mistero legato a Mothman.

"The Mothman Prophecies" è noto per il suo approccio atmosferico e psicologico al genere dell'horror soprannaturale, concentrandosi sulla suspense e sulle tensioni psicologiche piuttosto che su effetti speciali spettacolari. Il film crea un'atmosfera inquietante e angosciante, mantenendo la suspense fino alla fine.

Il libro:

Il libro "The Mothman Prophecies", scritto da John A. Keel e pubblicato nel 1975, è un lavoro non fiction che esplora gli eventi misteriosi e i fenomeni paranormali che si sono verificati a Point Pleasant, West Virginia, negli anni '60. Il libro si basa su indagini condotte dall'autore nella regione colpita da avvistamenti del cosiddetto Mostro di Mothman, una creatura alata associata a presagi di eventi tragici.

John A. Keel, un giornalista e ricercatore del paranormale, narra in modo dettagliato gli avvistamenti, le testimonianze e le esperienze delle persone coinvolte durante quei turbolenti anni. Il libro esplora anche la connessione tra gli avvistamenti di Mothman e il crollo del Silver Bridge nel 1967, un evento tragico che ha aggiunto un ulteriore elemento di mistero alla leggenda.

Keel adotta un approccio investigativo e saggistico, cercando di mettere in luce non solo gli avvistamenti di Mothman, ma anche i fenomeni paranormali più ampi che circondano Point Pleasant durante quel periodo. "The Mothman Prophecies" si distingue per la sua narrazione coinvolgente e la sua mescolanza di fatti documentati e elementi paranormali, creando un libro che cattura l'immaginazione del lettore mentre esplora il confine tra realtà e soprannaturale.

Basato su una storia vera:

La storia dell'Uomo Falena e gli eventi di Point Pleasant sono davvero affascinanti, e ciò che la rende ancora più intrigante è che molti degli avvistamenti e degli eventi descritti hanno una base nella realtà. Oltre agli avvistamenti di Mothman, il crollo del Silver Bridge nel 1967 è un fatto storico documentato che ha causato la perdita di 46 vite umane.

Ciò che aggiunge un elemento di mistero e interesse a questa storia è il fatto che alcuni sostengono che ci fosse un'attività paranormale e presagi prima del tragico crollo del ponte. Le testimonianze parlano di chiamate telefoniche misteriose, visioni premonitrici e incontri con strane figure, elementi che sono stati incorporati sia nel libro di John A. Keel che nel film "The Mothman Prophecies".

Questa connessione tra eventi reali e fenomeni paranormali ha contribuito a mantenere viva la leggenda di Mothman, alimentando la speculazione e la ricerca di una spiegazione plausibile. La storia di Point Pleasant e di Mothman è un affascinante connubio di fatti storici e misteri irrisolti, che continua a intrigare appassionati di paranormale, studiosi e curiosi di tutto il mondo.

Nel 1937, l'aviatrice Amelia Earhart scomparve durante un tentativo di circumnavigare il globo, creando un mistero irrisolto nel campo dell'aviazione. La scomparsa di Amelia Earhart, celebre aviatrice statunitense, è uno dei misteri più duraturi e discussi nella storia dell'aviazione. Nel 1937, durante il suo tentativo di circumnavigare il globo, Earhart e il navigatore Fred Noonan sparirono nel Pacifico, dando il via a decenni di speculazioni, teorie e ricerche per svelare il destino della loro sfortunata spedizione.

L'Ultima Avventura:
L'impresa di circumnavigare il globo rappresentava l'apice della carriera di Amelia Earhart, nota per la sua intraprendenza nell'aviazione. Il viaggio prevedeva una serie di tappe, ciascuna affrontata con determinazione e coraggio. Tuttavia, l'attenzione mondiale si focalizzò sull'ultima fase della missione, la delicata traversata sopra l'Oceano Pacifico. Le sfide meteorologiche e la necessità di precisione nella navigazione resero questa tratta particolarmente rischiosa, e la scomparsa di Earhart durante questo viaggio segnò una svolta tragica nella storia dell'aviazione e nella vita della celebre pilota.

La Scomparsa nel Pacifico:
Il fatidico 2 luglio 1937, Amelia Earhart e Fred Noonan decollarono dall'isola di Lae, in Papua Nuova Guinea, con l'intento di raggiungere l'Isola Howland, una piccola macchia di terra nel vasto Pacifico. Nonostante l'ausilio di navigazione e le comunicazioni radio, il Lockheed Electra di Earhart scomparve dalle onde radio, lasciando il mondo nell'incertezza. La speranza di ritrovare la coppia e l'aereo svanì rapidamente, innescando uno dei più grandi misteri irrisolti del XX secolo.

La mancanza di tracce dell'aereo e dei suoi occupanti, nonostante gli intensi sforzi di ricerca iniziali, ha alimentato la speculazione sulla destinazione finale di Earhart e Noonan. La loro scomparsa improvvisa e apparentemente senza spiegazione ha dato vita a teorie e congetture che variano da incidenti a crash in mare, rendendo il Pacifico un vasto e insondabile segreto che custodisce il destino di Amelia Earhart.

Ricerche e Fallimenti:
L'annuncio della scomparsa di Amelia Earhart scatenò una delle più grandi operazioni di ricerca nella storia dell'aviazione. La Marina statunitense dispiegò navi e aerei di soccorso, coprendo vaste aree dell'Oceano Pacifico nella speranza di trovare tracce della pilota e del navigatore. Tuttavia, nonostante gli sforzi massicci e la partecipazione di numerosi esperti, la spedizione di soccorso non riuscì a trovare alcuna traccia dell'aereo o dei suoi occupanti. Questo insuccesso gettò un'ombra su uno degli eventi più misteriosi del XX secolo, contribuendo a rendere la scomparsa di Amelia Earhart uno dei grandi enigmi irrisolti della storia.

Teorie sulla Scomparsa:

La mancanza di prove concrete sulla scomparsa di Amelia Earhart ha dato vita a una serie di teorie e speculazioni nel corso degli anni. Alcuni sostengono che l'aereo sia semplicemente precipitato in mare a causa di problemi tecnici o errori di navigazione, mentre altri credono che Earhart e Noonan abbiano fatto un atterraggio di emergenza su un'isola sconosciuta. Una teoria più controversa ipotizza che i due aviatori siano stati catturati dai giapponesi, che all'epoca avevano un interesse strategico nell'area. Nonostante siano state avanzate molteplici ipotesi, nessuna di esse ha mai ricevuto conferma definitiva, lasciando il destino di Amelia Earhart avvolto nel mistero.

Le teorie concorrenti hanno alimentato dibattiti tra gli appassionati di aviazione, gli storici e gli appassionati di misteri irrisolti. La mancanza di una spiegazione chiara ha aggiunto un'aura di enigma intorno al caso di Earhart, rendendolo un terreno fertile per la speculazione continua e la ricerca di nuovi indizi che possano finalmente gettare luce sulle circostanze della sua scomparsa.

Eredità e Impatto Culturale:
La figura di Amelia Earhart, anche a distanza di decenni dalla sua scomparsa, continua a esercitare un'influenza significativa sulla cultura e sull'immaginario collettivo. La sua audacia nell'affrontare sfide tradizionalmente maschili, la sua determinazione nell'ambito dell'aviazione e il mistero della sua scomparsa hanno contribuito a definirla come un'icona di coraggio e intraprendenza.

L'eredità di Amelia Earhart è evidente non solo nell'aviazione, ma anche nella promozione della parità di genere e nell'ispirazione di generazioni successive di donne che hanno cercato di perseguire carriere in campi considerati precedentemente dominio maschile. La sua scomparsa ha, inoltre, consolidato il suo status di figura leggendaria, con numerosi film, libri e documentari che raccontano la sua storia e cercano di gettare luce sul destino misterioso della celebre aviatrice.

Nonostante il passare del tempo, la scomparsa di Amelia Earhart continua a generare interesse e speculazioni, rimanendo uno dei grandi misteri del ventesimo secolo che continua ad affascinare e intrigare la mente delle persone di tutto il mondo. La sua vita e il suo misterioso epilogo sono intrinsecamente intrecciati nella trama della storia dell'aviazione e nella memoria collettiva dell'umanità.

Il caso di Dyatlov Pass, verificatosi nel 1959 nelle remote montagne degli Urali in Unione Sovietica, è uno dei misteri più intriganti e inquietanti della storia dell'alpinismo. La morte misteriosa di un gruppo di escursionisti ha generato una serie di teorie e speculazioni sulla causa della loro tragica fine, alimentando il dibattito e l'interesse in tutto il mondo.

L'Escursione di Dyatlov:

L'escursione di Dyatlov iniziò come una sfida accettata con entusiasmo dai nove escursionisti, tra cui il leader Igor Dyatlov. Il gruppo, composto principalmente da studenti dell'Istituto Politecnico di Urali, era composto da individui esperti e ben addestrati nell'arte dell'alpinismo. La loro destinazione era il passo che successivamente sarebbe stato chiamato Dyatlov Pass, situato in una regione remota degli Urali settentrionali. Nonostante il rigido clima invernale, il gruppo iniziò la sua avventura con l'intenzione di attraversare il passo e documentare l'esperienza, ma la missione si trasformò in una tragedia misteriosa che avrebbe lasciato una serie di interrogativi senza risposta.

La Scoperta Macabra:
La vicenda assunse una piega drammatica quando il gruppo di soccorso rinvenne una scena macabra presso Dyatlov Pass. La tenda degli escursionisti era stata tagliata dall'interno, indicando una fuga improvvisa e frenetica. L'orrenda scoperta proseguì con il ritrovamento dei corpi dei nove membri del gruppo. Alcuni giacevano a una distanza considerevole dalla tenda, altri sembravano aver cercato rifugio sotto gli alberi, e altri ancora furono scoperti senza scarpe e quasi privi di vestiti. Le condizioni atmosferiche estreme e le ferite inusuali suggerivano una lotta disperata per la sopravvivenza in mezzo al gelo implacabile delle montagne degli Urali. La domanda cruciale, tuttavia, rimaneva: cosa aveva scatenato tale panico tra gli escursionisti? e chi,o cosa era il responsabile di tale orrore?

Teorie sulla Causa:

Il caso di Dyatlov Pass ha generato una serie di teorie che cercano di spiegare la tragica fine degli escursionisti. Una delle ipotesi suggerisce un incontro con un animale selvatico, forse un orso, che avrebbe potuto spaventare il gruppo portandolo a una fuga precipitosa dalla tenda. Altre teorie puntano su eventi meteorologici estremi, ipotizzando che una valanga o forti raffiche di vento abbiano potuto costringere gli escursionisti a lasciare la sicurezza della tenda in modo improvviso.

Tuttavia, alcune teorie più controverse alimentano il mistero di Dyatlov Pass. Ci sono coloro che speculano su attività militari segrete o esperimenti scientifici nella zona, suggerendo che gli escursionisti potrebbero essere stati vittime di eventi legati a questi aspetti classificati. Altri ancora avanzano ipotesi di incontri con forze extraterrestri, citando strani oggetti nel cielo riportati da testimoni oculari e la presunta presenza di radiazioni sul luogo dell'incidente. La diversità di queste teorie riflette la mancanza di una spiegazione chiara e consensuale e contribuisce all'enigma persistente di Dyatlov Pass.

Le indagini ufficiali sul caso di Dyatlov Pass, condotte dalle autorità sovietiche dell'epoca, conclusero che le ferite mortali subite dagli escursionisti erano il risultato di "forze naturali incontrollabili". Tuttavia, la mancanza di dettagli nelle spiegazioni ufficiali e il fatto che le informazioni furono gestite con segretezza contribuirono a innescare la diffidenza e a lasciare domande irrisolte.

Il mistero di Dyatlov Pass si è mantenuto non solo a causa delle circostanze bizzarre della morte degli escursionisti, ma anche a causa della percezione di un'indagine ufficiale insufficiente. Gli appassionati del mistero e gli investigatori indipendenti hanno continuato a cercare dettagli aggiuntivi e a sollevare interrogativi sulla veridicità delle spiegazioni ufficiali, mantenendo il caso come uno dei più affascinanti e oscuri nella storia degli eventi inspiegabili.

Eredità e "fascino":

Il caso di Dyatlov Pass ha lasciato un'impronta indelebile nell'immaginario collettivo, alimentando il fascino per il mistero e la speculazione. Decenni dopo l'incidente, il fascino per questo enigma persiste, con nuove generazioni di ricercatori, scrittori e appassionati che continuano a esplorare il caso nella speranza di gettare luce sulle circostanze che portarono alla tragedia.

Il mistero di Dyatlov Pass ha anche ispirato numerose opere di narrativa, documentari e persino film, diffondendo ulteriormente la consapevolezza di questo enigma tra il grande pubblico. La mancanza di una spiegazione definitiva ha contribuito a mantenere viva la curiosità, spingendo molti a cercare una soluzione che possa finalmente svelare i segreti di quella notte fatale tra le montagne degli Urali nel 1959.

Film:

Diversi film e documentari sono stati realizzati ispirandosi al misterioso caso di Dyatlov Pass. Uno dei film noti è "Devil's Pass" (conosciuto anche come "The Dyatlov Pass Incident"), diretto da Renny Harlin e uscito nel 2013. Il film mescola elementi di thriller, horror e mistero, prendendo spunto dal caso reale per costruire una trama avvincente e spaventosa.

"Devil's Pass" segue un gruppo di studenti americani che decide di ripercorrere gli stessi passi degli escursionisti sovietici di Dyatlov nel tentativo di scoprire la verità dietro l'incidente. La pellicola si basa sulla premessa che i protagonisti scoprono qualcosa di inquietante mentre seguono le tracce del tragico viaggio, aggiungendo elementi soprannaturali alla narrazione.

Il caso di Dyatlov Pass ha suscitato l'interesse di registi, produttori e spettatori per la sua natura avvolta nel mistero, portando alla creazione di diverse opere cinematografiche e documentari che cercano di esplorare, reinterpretare o risolvere il mistero dietro la scomparsa dei nove escursionisti.

Capitolo 12: L'assassino della Baia

Un assassino seriale attivo nella zona della baia di San Francisco negli anni '60 e '70, la cui identità non è mai stata ufficialmente risolta.

L'Inizio degli Omicidi
Negli anni '60 e '70, la zona della baia di San Francisco fu scossa dalla presenza di un misterioso assassino seriale. Il crimine cominciò con omicidi apparentemente casuali, creando un clima di paura e incertezza tra i residenti. L'assassino, noto con vari nomi tra i quali "Zodiaco", firmava le sue lettere con un simbolo enigmatico, aggiungendo un tocco sinistro ai suoi crimini.

La Firma di Zodiaco
La firma distintiva di Zodiaco costituì un elemento inquietante e distintivo dei suoi crimini. Oltre alle tradizionali firme lasciate dagli assassini seriali, Zodiaco si distinse per la creazione di crittogrammi complessi, sfidando le autorità e i media a decifrare i suoi messaggi. Questi messaggi contenevano spesso dettagli sulle sue gesta passate, fornendo prove della sua responsabilità per gli omicidi.

La sua firma più riconoscibile era un simbolo composto da cerchi concentrici attraversati da linee, una sorta di marchio di fabbrica che collegava tutti i suoi crimini. La sua abilità nel creare messaggi indecifrabili suscitò grande interesse da parte del pubblico e degli esperti di crittografia. La volontà di sfidare le autorità, sottolineata dalla sua abilità nel creare crittogrammi che rimasero irrisolti per anni, contribuì a creare un clima di ansia e tensione tra la popolazione e le forze dell'ordine.

Questi messaggi criptici venivano spesso inviati ai giornali locali e alle stazioni televisive, conferendo un tocco di teatralità alle sue azioni.Zodiaco sembrava godere della pubblicità generata dai suoi gesti, alimentando il senso di impotenza delle autorità nel fermare il suo regno di terrore. La sua firma divenne un elemento chiave nelle indagini, ma la sua abilità nel mantenere il segreto sulla sua identità aggiunse un livello di complessità che avrebbe sfidato gli investigatori per anni a venire.

L'Incidente del Lago Berryessa

Uno degli episodi più noti collegati a Zodiaco fu l'attacco al Lago Berryessa, che ebbe luogo nel settembre del 1969. Bryan Hartnell e Cecelia Shepard, una giovane coppia intenta a fare un picnic, furono brutalmente aggrediti da un uomo, che indossava un costume da domatore e portava un cappuccio. Hartnell e Shepard furono colpiti con un coltello, e Zodiaco lasciò una marcatura distintiva: il suo simbolo, il cerchio con una croce attraverso, inciso sulla portiera dell'auto della coppia.

Ciò che rese questo attacco particolarmente agghiacciante fu il modo in cui Zodiaco sembrò godere della situazione. Dopo l'attacco, inviò una lettera a un giornale locale in cui dettagliava il suo gesto e rivelava di essersi nascosto nei pressi del luogo del crimine, osservando la reazione delle autorità e del pubblico. Questa crudele dimostrazione della sua mente sadica alimentò la crescente paranoia nella regione e suscitò ulteriori preoccupazioni sulla natura imprevedibile e pericolosa di Zodiaco.

L'incidente del Lago Berryessa non solo aggiunse un altro capitolo oscuro alla storia, ma sollevò anche domande sulla sua mentalità e sui motivi dietro i suoi atti di violenza. La sua abilità nel perpetrare attacchi audaci, combinata con la sua volontà di esibizionismo, aggiunse un nuovo livello di terrore a una comunità già colpita dalla sua presenza enigmatica.

Indagini e Sospetti

Gli investigatori della baia di San Francisco si trovarono di fronte a una sfida senza precedenti nell'identificare e catturare Zodiaco. La mancanza di un movente chiaro, la complessità dei messaggi cifrati e l'apparente casualità nei suoi attacchi rendevano difficile profilare il colpevole. Diverse piste furono seguite, ma la natura sfuggente dell'uomo frustrò costantemente gli sforzi investigativi.

Tra i sospettati ci furono vari individui che attirarono l'attenzione delle autorità, ma nessuno fu mai arrestato con certezza come il vero Zodiaco. Alcuni sospettati furono esclusi in seguito a esami grafologici o mancanza di prove concrete. La frustrazione crescente delle forze dell'ordine, insieme alla pressione da parte dell'opinione pubblica, evidenziò la complessità e la natura unica del caso.

La mancanza di una connessione evidente tra le vittime e l'apparente casualità nei bersagli scelti da Zodiaco complicò ulteriormente le indagini. Le vittime sembravano essere selezionate in modo apparentemente casuale, senza collegamenti chiari tra di loro. Questa mancanza di un modello coerente spinse gli investigatori a esplorare diverse teorie per comprendere la mente del criminale.

Il caso di Zodiaco testimonia della sfida straordinaria che gli investigatori affrontano quando devono affrontare un serial killer tanto astuto e sfuggente. L'assenza di un'identità chiara, unita al suo stile unico di comunicazione, lasciò il caso aperto a molte speculazioni e teorie, alimentando il mistero ancora oggi.

Nuove Piste e Sviluppi

Nonostante gli anni trascorsi e il mancato arresto di Zodiaco, il caso non è mai stato completamente dimenticato. Nel corso degli anni, nuove tecnologie investigative sono state applicate alle prove raccolte durante le indagini originali. Avanzamenti nella genetica forense e nell'analisi del DNA hanno offerto la speranza di ottenere ulteriori informazioni sul caso, con la possibilità di scoprire l'identità del criminale attraverso nuove piste scientifiche.

Ci sono stati sforzi concertati da parte di investigatori privati, giornalisti e appassionati del mistero del Zodiaco per rivedere il caso, esaminare vecchie prove e avanzare nuove teorie. L'uso di tecnologie più avanzate e nuovi metodi investigativi ha portato a una rivalutazione di alcune prove chiave, anche se fino ad oggi, nessuno è riuscito a dare una risposta definitiva sulla vera identità di Zodiaco.

La persistente attenzione mediatica e l'interesse del pubblico hanno portato alla rivalutazione di sospetti e teorie precedentemente scartate. La speranza di risolvere il mistero e di portare giustizia alle vittime continua a guidare gli sforzi di coloro che si dedicano alla comprensione del caso. Il passare del tempo, tuttavia, ha contribuito a mantenere la sua identità nel regno del mistero, dimostrando che alcune sfide nella risoluzione dei crimini rimangono insormontabili, anche con il progresso della tecnologia investigativa.

L'eredità di Zodiaco si è infiltrata nella cultura popolare, diventando un simbolo dell'orrore e della pericolosità degli assassini seriali. La sua abilità nel rimanere impunito e la mancanza di una chiara identificazione hanno alimentato leggende urbane e teorie del complotto nel corso degli anni. Zodiaco è diventato oggetto di numerosi libri, documentari e produzioni cinematografiche, mantenendo il suo status di figura inquietante e inspiegabile.

Il terrore seminato da Zodiaco ha lasciato un'impronta indelebile sulla psiche della comunità della baia di San Francisco. L'idea di un assassino seriale così audace, capace di eludere la giustizia, ha generato un senso di vulnerabilità persistente e ha influenzato la percezione della sicurezza pubblica. Anche con il passare degli anni, Zodiaco è rimasto un archetipo dell'incertezza e del pericolo imprevedibile.

La mancanza di risposte concrete ha creato un senso di frustrazione tra gli investigatori, le vittime sopravvissute e le famiglie delle vittime. L'assenza di chiusura ha lasciato un vuoto, alimentato dalla consapevolezza che Zodiaco, chiunque esso sia, non ha mai affrontato la giustizia per i suoi crimini. La sua eredità persiste, trasmettendo la paura e l'inquietudine di un periodo oscuro nella storia criminale degli Stati Uniti.

La Scoperta

La storia della Camera dei Raggi di Tutankhamon inizia nel 1922, quando l'archeologo britannico Howard Carter fece una delle scoperte più straordinarie nella Valle dei Re in Egitto. Durante la sua ricerca, Carter scoprì la tomba intatta di Tutankhamon, un faraone dell'antico Egitto. All'interno della tomba, oltre alle meraviglie della sepoltura reale, si trova una stanza particolare che avrebbe catturato l'attenzione del mondo: la Camera dei Raggi.

Architettura e Significato

La Camera dei Raggi di Tutankhamon è una stanza unica nel suo genere, situata strategicamente alla fine di un lungo corridoio che conduce alla tomba del giovane faraone. La stanza è caratterizzata da decorazioni murali intricate e suggestive, con i raggi solari stilizzati che dominano la scena. Questi raggi, disposti intorno alle pareti, rappresentano un elemento centrale nella comprensione dell'architettura e del significato della camera.

L'architettura della Camera dei Raggi riflette la precisione e l'attenzione ai dettagli degli antichi artigiani egizi. Le pareti sono dipinte con colori vivaci e motivi geometrici, mentre i raggi solari, con le loro punte raggiungenti verso il centro della stanza, creano un effetto visivo impressionante. L'ingegnosità dell'architettura non è solo estetica, ma potrebbe anche nascondere significati simbolici profondi legati alle credenze religiose dell'epoca.

I raggi solari, nell'antico Egitto, erano spesso associati alla divinità solare Ra, considerata una delle principali divinità egiziane. La presenza di questo simbolo nella Camera dei Raggi potrebbe indicare l'importanza del faraone come rappresentante di Ra sulla terra. La luce solare, con i suoi raggi, era spesso collegata al concetto di rigenerazione e rinascita, temi cruciali nelle credenze dell'aldilà dell'antico Egitto.

Inoltre, la posizione strategica della Camera dei Raggi alla fine del percorso tombale potrebbe suggerire che questa stanza avesse una funzione speciale, forse legata a rituali o cerimonie legate al passaggio dell'anima del defunto faraone verso l'aldilà.

Contenuto e Tesori

La Camera dei Raggi di Tutankhamon si è rivelata un vero scrigno di tesori, rivelando agli archeologi e agli studiosi una ricchezza straordinaria di oggetti e significati. Questa stanza, seppur di dimensioni ridotte rispetto ad altre all'interno della tomba, ha rivelato una miriade di dettagli preziosi che forniscono un'affascinante finestra sulla vita e la spiritualità dell'antico Egitto.

Tra i tesori rinvenuti all'interno della Camera dei Raggi, spiccano gioielli finemente lavorati. Collane di perle, bracciali e amuleti di grande bellezza adornavano il corpo del giovane faraone. Questi oggetti non solo servivano a impreziosire il corpo del defunto, ma erano anche intrisi di significato religioso e simbolico, spesso connessi a credenze sulla protezione e la guida nell'aldilà.

Gli oggetti di lusso trovati nella Camera dei Raggi includono vasi di alabastro, scatole d'oro e statuette d'ebano, testimonianze dell'abilità artigianale degli antichi egizi. Molti di questi oggetti erano destinati a accompagnare Tutankhamon nella sua vita dopo la morte, fornendo comfort e servendo come offerte agli dei.

Oltre agli oggetti di valore, la camera conteneva anche oggetti rituali. Statuette di divinità, raffigurazioni di animali sacri e altri elementi avevano lo scopo di assistere il faraone nel suo viaggio attraverso il regno dei morti. La disposizione e la selezione di questi oggetti possono offrire agli archeologi chiavi importanti per comprendere le credenze e le pratiche spirituali dell'epoca.

La scoperta di questa straordinaria collezione nella Camera dei Raggi ha contribuito a dipingere un quadro più completo della vita, della morte e delle credenze di Tutankhamon e della civiltà egizia. La minuziosa analisi di questi tesori continua a svelare nuovi dettagli, alimentando la nostra comprensione delle antiche pratiche funerarie e spirituali.

Teorie e Speculazioni

Nonostante la ricchezza di informazioni fornite dalla Camera dei Raggi, alcune delle sue caratteristiche e il loro significato rimangono avvolti nel mistero, alimentando teorie e speculazioni tra gli studiosi.

 Simbolismo dei Raggi Solari: Una delle principali aree di speculazione riguarda il simbolismo dei raggi solari che dominano le pareti della camera. Mentre è ampiamente accettato che questi raggi rappresentino l'importanza del sole e della divinità solare Ra nell'antico Egitto, gli studiosi si interrogano ancora sulla specifica connessione di questa simbologia con Tutankhamon. Alcuni suggeriscono che ciò potrebbe indicare la divinizzazione del faraone, sottolineando il suo ruolo come rappresentante terreno del dio Ra.

Funzione Rituale: La posizione strategica della Camera dei Raggi alla fine del percorso tombale ha portato a teorie sulla sua funzione rituale. Alcuni studiosi suggeriscono che potrebbe essere stata utilizzata per cerimonie o rituali legati al passaggio dell'anima di Tutankhamon nell'aldilà. La disposizione e la natura degli oggetti presenti potrebbero riflettere pratiche funerarie specifiche o simboli destinati a guidare il faraone defunto nel suo viaggio.

Significato Astronomico: Alcune speculazioni si sono rivolte a un possibile significato astronomico della Camera dei Raggi. Alcuni ricercatori ipotizzano che la disposizione dei raggi solari potrebbe essere stata intenzionale, riflettendo l'antica conoscenza egizia delle costellazioni o degli eventi celesti. Questa teoria suggerisce che la camera potrebbe essere stata progettata per allinearsi con determinati fenomeni astronomici significativi.

Cerimonie di Accesso: Alcuni studiosi hanno avanzato l'ipotesi che la Camera dei Raggi potrebbe essere stata un luogo di accesso limitato, riservato a cerimonie o riti specifici. Questa teoria si basa sulla sua posizione nascosta alla fine del corridoio funerario e sulla natura particolare dei suoi contenuti, suggerendo che potrebbe essere stata intesa come una sorta di camera segreta per usi rituali particolari.

Mentre queste teorie e speculazioni possono aprire nuove prospettive di interpretazione, la vera natura e il significato della Camera dei Raggi di Tutankhamon rimangono un enigma, invitando gli studiosi a continuare la loro ricerca per gettare luce su questo affascinante capitolo dell'antico Egitto.

Restauri e Controversie

La Camera dei Raggi di Tutankhamon ha attraversato diverse fasi di restauro e conservazione nel corso degli anni, ma questi interventi non sono stati privi di controversie e questioni etiche.

Restauri Storici: Dopo la scoperta della tomba nel 1922, gli archeologi e i restauratori lavorarono per preservare la Camera dei Raggi e il suo prezioso contenuto. Durante questo processo, furono adottate tecniche di restauro comuni all'epoca, alcune delle quali potrebbero essere considerate invasive dai criteri attuali. Alcuni oggetti furono rimossi, analizzati e poi riposizionati.

Controversie Etiche: Nel corso degli anni, gli interventi di restauro e conservazione hanno sollevato domande etiche tra la comunità archeologica. Alcuni critici sostengono che tali interventi possano aver alterato l'aspetto originale della camera, rimuovendo parte della patina storica e dell'autenticità. Altri, tuttavia, difendono l'importanza di tali interventi per preservare i reperti per le generazioni future.

Conservazione e Tutela: Con il passare del tempo, il concetto di conservazione e tutela si è evoluto. Attualmente, esistono nuove tecnologie e metodologie che consentono di preservare e studiare gli oggetti senza danneggiarli in modo significativo. Questo solleva interrogativi su come bilanciare la conservazione dell'autenticità con le esigenze di studio e preservazione a lungo termine.

Restauri Recenti: Negli ultimi decenni, ci sono stati sforzi per valutare e migliorare i restauri precedenti. L'avanzamento delle tecnologie di imaging, analisi non invasive e metodi di conservazione ha permesso agli esperti di ottenere nuove informazioni senza dover manipolare direttamente gli oggetti. Questi sforzi riflettono una crescente consapevolezza dell'importanza di bilanciare la tutela degli artefatti con la necessità di approfondire la nostra comprensione del passato.

In ultima analisi, la questione dei restauri e delle controversie etiche continua a suscitare dibattiti tra gli archeologi, gli studiosi e la comunità interessata, poiché cercano di trovare un equilibrio tra la preservazione del passato e la soddisfazione della sete di conoscenza delle generazioni future.

Eredità e Importanza Continua

La Camera dei Raggi di Tutankhamon ha lasciato un'eredità indelebile nella storia dell'archeologia e nell'immaginario collettivo. La sua scoperta ha aperto una finestra sulla ricchezza, la bellezza e la spiritualità dell'antico Egitto, e la sua importanza continua a evolversi.

Contributi alla Conoscenza Egizia: Gli oggetti trovati nella Camera dei Raggi forniscono un'importante fonte di informazioni sulla vita quotidiana, la religione e le pratiche funerarie dell'antico Egitto. La straordinaria ricchezza di gioielli, oggetti rituali e tesori indica la complessità della cultura egizia e la raffinatezza delle sue arti e artigianato.

Attrazione Turistica e Culturale: La scoperta della tomba di Tutankhamon, compresa la Camera dei Raggi, ha trasformato l'antico Egitto in una destinazione turistica iconica. Milioni di persone da tutto il mondo visitano il Museo Egizio del Cairo per ammirare questi reperti straordinari, contribuendo al turismo culturale ed economico dell'Egitto.

Ispirazione per l'Arte e la Moda: La bellezza e l'arte degli oggetti rinvenuti nella Camera dei Raggi hanno ispirato artisti, designer e creativi in tutto il mondo. Motivi e stili egizi sono spesso presenti nella moda, nell'arte e nella decorazione, dimostrando la duratura influenza della cultura egizia sulla creatività umana.

Continui Studi e Ricerche: La Camera dei Raggi resta al centro di studi e ricerche continue. Gli avanzamenti tecnologici consentono agli studiosi di esplorare ulteriormente la camera senza danneggiare gli oggetti, aprendo nuove opportunità per svelare dettagli nascosti e raffinare la nostra comprensione della civiltà egizia.

In conclusione, la Camera dei Raggi di Tutankhamon continua a ispirare meraviglia e ammirazione. La sua importanza non si esaurisce con la sua scoperta, ma si rinnova costantemente attraverso gli sforzi di coloro che si dedicano alla conservazione e alla comprensione di questo straordinario patrimonio dell'umanità.

Le Antiche Leggende di Atlantide

La storia della Città Perduta di Atlantide ha radici antiche nelle leggende e nelle narrazioni tramandate attraverso i secoli. La prima menzione nota di Atlantide si trova nei dialoghi di Timeo e Crizia di Platone, dove descrive l'isola come un potente impero che scomparve misteriosamente sotto le acque dell'oceano. Questa narrativa ha catturato l'immaginazione di molte generazioni, dando vita a uno dei misteri più affascinanti della storia.

Descrizione di Atlantide nelle Opere di Platone

La dettagliata descrizione di Atlantide nei dialoghi di Timeo e Crizia di Platone fornisce la base narrativa per il mito dell'isola perduta. Secondo Platone, Atlantide era un vasto impero situato "oltre le Colonne d'Ercole", una locazione comunemente associata allo Stretto di Gibilterra. La descrizione dell'isola includeva molteplici elementi distintivi:

Dimensioni e Topografia: Platone descrive Atlantide come un'isola di dimensioni notevoli, più grande dell'Asia e dell'Africa messe insieme. La sua topografia era caratterizzata da una serie di anelli concentrici di terra e acqua, con una montagna sacra al centro. Questa struttura concentrica era sorprendente per la sua complessità e simmetria.

Società Avanzata: Atlantide era abitata da una società altamente avanzata e prospera. Platone la dipinge come un impero governato da re filosofi, che erano saggi e giusti. La popolazione di Atlantide era tecnologicamente e culturalmente sofisticata, con una straordinaria ricchezza e una notevole organizzazione sociale.

Ricchezza e Risorse: L'isola era benedetta da una ricchezza naturale straordinaria. La sua posizione geografica consentiva un facile accesso a risorse preziose come metalli, legname e minerali. Atlantide prosperava grazie a una combinazione di agricoltura produttiva e abilità tecnologiche avanzate.

Eventi Catastrofici e la Scomparsa: La narrazione di Platone suggerisce che Atlantide scomparve improvvisamente e tragicamente. Una serie di eventi catastrofici, tra cui terremoti e inondazioni, portarono alla sua scomparsa sotto le acque dell'oceano. Questa catastrofe segnò la fine dell'età dell'oro di Atlantide e divenne uno degli elementi chiave del suo mito.

La descrizione dettagliata di Platone ha alimentato il dibattito sulla reale esistenza di Atlantide. Gli studiosi si sono interrogati sulla fonte di ispirazione di Platone e sulla possibilità che la storia fosse una rappresentazione allegorica di eventi storici o filosofici. La ricchezza di dettagli forniti da Platone continua a fungere da punto di partenza per chiunque cerchi di svelare il mistero di Atlantide.

Teorie sull'Ubicazione di Atlantide

Il mistero dell'ubicazione di Atlantide ha generato una vasta gamma di teorie e speculazioni nel corso dei secoli. Gli studiosi e gli appassionati del mistero hanno avanzato numerose ipotesi riguardo al luogo preciso in cui potrebbe essersi trovata l'isola perduta, dando vita a un dibattito avvincente e complesso.

Localizzazioni Proposte:

Mediterraneo: Alcuni studiosi ritengono che Atlantide potrebbe essere stata situata nel Mediterraneo. Questa teoria suggerisce che l'isola potrebbe essere stata una delle antiche civiltà mediterranee, come la civiltà minoica o la civiltà tartessica.
Antartide: Alcune teorie più controverse avanzano l'ipotesi che Atlantide si trovasse nell'Antartide prima che il continente si congelasse, portando alla sua scomparsa sotto uno strato di ghiaccio.
Caraibi: Altri studiosi hanno proposto che Atlantide fosse situata nei Caraibi, basandosi su similitudini geologiche e mitologiche con la descrizione di Platone.

Stretto di Gibilterra e Sarcofago Subacqueo:

Una teoria popolare suggerisce che l'isola potrebbe essere stata situata nello Stretto di Gibilterra, la regione associata alle Colonne d'Ercole nella descrizione di Platone. Alcuni credono che la formazione geologica nota come il Sarcofago Subacqueo, situato in questa regione, potrebbe essere la prova di Atlantide.

Ipotesi di Santorini:

Un'ipotesi propone che l'eruzione vulcanica sull'isola di Santorini, nell'Egeo, potrebbe essere collegata a Atlantide. Alcuni studiosi suggeriscono che l'eruzione potrebbe aver causato un maremoto che ha distrutto la civiltà minoica e che questa tragedia potrebbe essere stata reinterpretata come la scomparsa di Atlantide.

Miti e Realtà:

Alcuni ricercatori suggeriscono che Atlantide potrebbe essere una rappresentazione mitologica di una civiltà reale, magari influenzata da eventi catastrofici come terremoti o maremoti. In questo contesto, l'isola potrebbe essere una fusione di più luoghi e culture che hanno subito sconvolgimenti.

Il dibattito sull'ubicazione di Atlantide continua a essere una sfida, poiché mancano prove concrete. Le teorie rimangono spesso avvolte nel mistero, e la ricerca per trovare l'isola perduta è ancora aperta, alimentando la curiosità e la passione di coloro che si dedicano a svelare questo affascinante enigma.

Possibili Cause della Scomparsa di Atlantide

La scomparsa di Atlantide, come descritta nei dialoghi di Platone, è avvolta in un velo di mistero e le teorie sulle possibili cause sono state ampiamente discusse. Gli studiosi e gli appassionati del mistero hanno avanzato diverse ipotesi che spaziano da eventi naturali a catastrofi tecnologiche o perfino interferenze divine.

Eventi Naturali:

Terremoti e Vulcani: Una delle teorie più comuni suggerisce che Atlantide potrebbe essere stata vittima di terremoti e attività vulcanica. La descrizione di Platone fa riferimento a "terremoti e inondazioni," e alcuni collegano questi eventi a un'ipotetica eruzione vulcanica che avrebbe causato il crollo dell'isola o un maremoto distruttivo.

Catastrofi Tecnologiche:

Tecnologia Avanzata e Declino: Alcune teorie ipotizzano che Atlantide potesse possedere tecnologie avanzate che potrebbero essere sfuggite al controllo, portando a una catastrofe auto inflitta. Questa idea è basata sull'idea di una civiltà che supera i limiti delle proprie capacità, portando al declino e alla distruzione.

Invasione o Conflitto:

Invasione da Parte di Altre Civiltà: Alcune ipotesi suggeriscono che Atlantide potrebbe essere stata invasa da civiltà esterne, causando il suo declino. Questa teoria si basa sull'idea che Atlantide potesse essere in conflitto con le civiltà vicine, portando a un'eventuale caduta.

Interferenze Divine:

Punizione Divina: Secondo la mitologia di Platone, la scomparsa di Atlantide potrebbe essere stata una punizione divina. Alcune teorie suggeriscono che gli dei potrebbero aver deciso di distruggere l'isola a causa della corruzione o dell'egoismo della sua popolazione.

Combinazione di Fattori:

Eventi Multipli: Alcune teorie sostengono che una combinazione di eventi, come terremoti, eruzioni vulcaniche e invasioni, potrebbe aver portato alla caduta di Atlantide. Questa visione suggerisce che una serie di sconvolgimenti abbia contribuito alla sua scomparsa.

Nonostante le numerose teorie, la vera causa della scomparsa di Atlantide rimane uno dei grandi misteri irrisolti della storia. Gli studiosi continuano a esplorare nuove prospettive e ad analizzare prove potenziali per gettare luce su questo enigma avvincente.

Ricerche Subacquee e Archeologiche su Atlantide

Nel corso dei decenni, l'avanzamento della tecnologia e le esplorazioni subacquee hanno consentito una maggiore ricerca e indagine sulla possibile esistenza e ubicazione di Atlantide. Le ricerche subacquee e archeologiche hanno giocato un ruolo chiave nel tentativo di gettare luce su questo antico mistero.

Esplorazioni Subacquee nel Mediterraneo:

Diverse spedizioni subacquee si sono concentrate nel Mediterraneo, esplorando aree proposte come possibili ubicazioni di Atlantide. I ricercatori hanno utilizzato sonar avanzati, veicoli subacquei remoti e altre tecnologie per scandagliare il fondale marino alla ricerca di evidenze archeologiche.

Sarcofago Subacqueo e Formazioni Geologiche:

La regione dello Stretto di Gibilterra, associata alle Colonne d'Ercole, è stata particolarmente oggetto di attenzione. Il cosiddetto Sarcofago Subacqueo, una formazione geologica insolita, è stato indicato da alcuni come possibile prova di Atlantide. Tuttavia, la natura di questa formazione è ancora oggetto di dibattito tra gli esperti.

Tecniche di Rilevamento Remoto:

L'utilizzo di tecniche di rilevamento remoto, come la mappatura sismica e la scansione laser del fondale marino, ha permesso agli archeologi di ottenere dettagliate immagini del terreno sommerso. Queste metodologie possono rivelare strutture sommerse che potrebbero essere state sepolte nel corso dei secoli.

Studi di Sedimenti e Campionamenti:

Gli studiosi hanno condotto studi approfonditi sui sedimenti marini in aree di interesse, cercando prove di un possibile insediamento sommerso. Campionamenti di sedimenti possono fornire informazioni sulla storia geologica e ambientale della regione, offrendo indizi sulla presenza di una civiltà antica.

Dibattiti e Sfide:

Nonostante gli sforzi continuati, la ricerca subacquea su Atlantide è caratterizzata da dibattiti accesi e sfide. Le condizioni marine complesse, l'erosione nel corso dei secoli e la mancanza di prove concrete hanno reso difficile giungere a conclusioni definitive.

Importanza della Conservazione Subacquea:

Le ricerche subacquee su Atlantide sottolineano anche l'importanza della conservazione subacquea per preservare il patrimonio archeologico sommerso. La scoperta di antichi relitti e insediamenti ha rilevanza non solo per la comprensione di Atlantide ma anche per la storia umana in generale.

Nonostante le sfide, gli studiosi continuano a esplorare il fondale marino alla ricerca di Atlantide, utilizzando tecnologie sempre più avanzate nella speranza di gettare luce su uno dei misteri più affascinanti della storia.

L'Eredità di Atlantide nella Cultura Popolare

L'influenza di Atlantide non si limita solo alle pagine degli scritti di Platone. Nel corso dei secoli, la storia dell'isola perduta ha permeato la cultura popolare, ispirando opere artistiche, letterarie, cinematografiche e alimentando l'immaginario collettivo in modi sorprendenti.

Opere Letterarie e Filosofiche:

Filosofia e Simbolismo: La storia di Atlantide è stata spesso interpretata filosoficamente, utilizzata come simbolo per riflettere su temi come la caducità delle civiltà, l'arroganza umana e la natura effimera della grandezza. Scrittori e pensatori hanno sfruttato la leggenda per veicolare messaggi più profondi sulla condizione umana.

Arte Visiva e Design:

Estetica e Moda: L'immagine di Atlantide, con la sua civiltà avanzata e il suo presunto splendore, ha ispirato l'arte visiva e il design. Motivi e stili associati ad Atlantide sono stati utilizzati in architettura, moda e design, contribuendo a creare una fusione tra il mito e l'estetica moderna.

Cinema e Intrattenimento:

Film e Documentari: Atlantide ha fornito la trama per numerosi film e documentari, contribuendo a mantenere viva la sua presenza nella cultura popolare. Opere cinematografiche variano da adattamenti diretti della storia di Platone a reinterpretazioni creative che hanno alimentato la fantasia del pubblico.
"Atlantide, l'impero perduto" (2001): Un film d'animazione prodotto dalla Disney che segue la storia di una giovane linguista in cerca dell'antica città di Atlantide. Il film combina elementi fantasy e avventura.

"Atlantis: End of a World, Birth of a Legend" (2011): Un docu-drama della BBC che esplora la possibilità che l'eruzione vulcanica dell'isola di Santorini abbia ispirato la leggenda di Atlantide.

"Atlantis: The Lost Continent" (1961): Un film avventuroso che segue la storia di un pescatore greco coinvolto in un conflitto tra Atlantide e la Grecia antica.

"Stargate: Atlantis" (Serie TV, 2004-2009): Una serie televisiva di fantascienza che segue un gruppo di esploratori che scopre un'antica città aliena sottomarina chiamata Atlantis. Pur non seguendo la leggenda classica, il nome e alcuni elementi richiamano il mito di Atlantide.

"In Search of Atlantis" (2005): Un documentario che segue le avventure di un gruppo di esploratori moderni alla ricerca di prove concrete sull'esistenza di Atlantide.

"City Beneath the Sea" (1971): Un film che segue una spedizione scientifica alla scoperta di un'antica città sommersa, prendendo ispirazione dalla leggenda di Atlantide.

Ricorda che molte rappresentazioni di Atlantide nella cultura popolare prendono libertà creative. Questi film offrono varie interpretazioni dell'antico mito, fornendo una visione unica di uno dei misteri più affascinanti della storia.

 Musica e Teatro:

Composizioni e Spettacoli: Musicisti e compositori hanno spesso tratto ispirazione da Atlantide per creare opere musicali, contribuendo a diffondere il suo richiamo attraverso diversi generi musicali. Inoltre, il teatro ha esplorato la narrazione di Atlantide in spettacoli che mescolano realtà e fantasia.

"Atlantis" di Donovan (1968): Questa canzone folk di Donovan esplora l'immaginario di Atlantide e il desiderio di trovare un luogo mitico e perduto.

"Atlantis" di Postiljonen (2013): Una canzone dream pop della band svedese Postiljonen, che utilizza l'idea di Atlantide come metafora di un amore perduto.

"Atlantis" di Seafret (2016): Una canzone che riflette sulla perdita e sulla nostalgia, utilizzando Atlantide come simbolo di un mondo che non esiste più.

"The Mystic's Dream" di Loreena McKennitt (1994): Molti brani di Loreena McKennitt, come questo, evocano un'atmosfera eterea e misteriosa, richiamando suggestioni legate a Atlantide.

"Lost City" di Wojciech Kilar (Colonna sonora di "The Ninth Gate," 1999): Questo brano strumentale della colonna sonora del film "The Ninth Gate" di Roman Polanski ha un tono misterioso che richiama l'idea di una città perduta.

"Atlantis" di Audiomachine (2012): Audiomachine è un gruppo specializzato nella produzione di musica epica e trailer. Questa composizione in particolare evoca un senso di antica grandezza e mistero.

"Atlantis to Interzone" di Klaxons (2007): Una canzone più orientata al genere indie rock, ma che utilizza il concetto di Atlantide come riferimento simbolico.

"Atlantis" di Noiseworks (1986): Una canzone rock australiana che esplora temi di speranza e perdita, con Atlantide come sfondo metaforico.

Ricorda che l'ispirazione da Atlantide può variare notevolmente nei diversi generi musicali, offrendo una gamma di interpretazioni sonore dell'antica leggenda.

Iconografia Contemporanea:

   Simboli e Immagini Iconiche: Iconografie associate ad Atlantide, come le Colonne d'Ercole, il disco solare e le immagini di un'isola sommersa, sono diventate simboli ricorrenti nella cultura popolare. Questi elementi sono spesso reinterpretati e adattati in nuovi contesti artistici e culturali.

   Lezioni dalla Leggenda:

   Immaginazione e Speculazione: L'eredità di Atlantide ha insegnato al mondo l'importanza dell'immaginazione e della speculazione nella costruzione di miti e leggende. La storia dell'isola perduta continua a stimolare la curiosità umana, alimentando la creatività e la riflessione sulla nostra connessione con il passato e l'ignoto.

In conclusione, Atlantide non è solo un antico mistero; è diventato un simbolo che attraversa le epoche, arricchendo la cultura umana con la sua enigmatica presenza. La sua eredità persiste attraverso l'arte, la filosofia e l'intrattenimento, continuando a ispirare e affascinare le generazioni presenti e future.

Capitolo 15: L' Uomo di Somerton

Il Misterioso Ritrovamento dell' Uomo di Somerton

La storia dell' Uomo di Somerton ha inizio con il suo misterioso ritrovamento sulla spiaggia di Somerton, in Australia, nel dicembre 1948. Un uomo senza nome fu trovato morto, seduto contro una parete, con addosso un abito elegante e senza alcuna identificazione. Le etichette dei suoi vestiti erano state accuratamente rimosse, e non fu trovato nulla nei suoi effetti personali che potesse rivelare la sua identità o il motivo della sua morte.

Gli Oggetti Enigmatici e il Tesserino "Tamam Shud"

Dopo la scoperta del corpo senza nome sulla spiaggia di Somerton, la situazione divenne ancora più intrigante quando gli investigatori trovarono un tesserino di carta piegato in uno scomparto segreto dei pantaloni del defunto. Su questo tesserino, la frase "Tamam Shud" era scritta con caratteri stampati. La traduzione da parte degli esperti rivelò che l'espressione significa "finire" o "finito" in persiano.

La scoperta di questo tesserino portò gli investigatori a una straordinaria connessione quando un cittadino anonimo consegnò loro un libro. Il libro era una copia di "Rubaiyat" di Omar Khayyam, una raccolta di poesie persiane. Ciò che catturò l'attenzione degli investigatori fu il fatto che un frammento del tesserino di carta sembrava essere stato strappato proprio da questa copia specifica del libro.

Il mistero si approfondì quando, all'interno del libro, fu scoperto un codice cifrato sulla parte posteriore della copertina. Questo codice ha sfidato gli sforzi di decifrazione di esperti e appassionati per decenni. Nonostante numerosi tentativi, il significato del codice rimane sconosciuto, aggiungendo uno strato di enigma alla storia del mistero di Somerton.

Il collegamento tra il tesserino "Tamam Shud" e il libro, insieme al codice cifrato, ha alimentato le speculazioni sulla natura e sulla complessità del caso. Gli investigatori si trovarono di fronte a un puzzle apparentemente insormontabile, poiché i tentativi di comprendere il legame tra questi oggetti enigmatici e l'identità del defunto si rivelarono sempre più elusivi. La presenza di un codice segreto aggiunse un elemento di intrigo criptico alla vicenda, spingendo gli investigatori a esplorare nuove piste per risolvere uno dei misteri più affascinanti e insoluti della storia criminale.

Il Libro Misterioso e i Codici Criptici

La scoperta del libro "Rubaiyat" di Omar Khayyam e del codice cifrato all'interno della copertina ha aggiunto uno strato di mistero al caso del Bambino di Somerton. Il libro, che sembrava essere collegato al tesserino "Tamam Shud" trovato sui pantaloni del defunto, si rivelò essere una copia comune della raccolta di poesie persiane.

Il codice, intricato e apparentemente indecifrabile, era una sequenza di lettere senza un chiaro significato. Gli esperti di codici e criptanalisi furono coinvolti nelle indagini, ma nessuno riuscì a svelare il messaggio nascosto. La presenza di questo codice ha alimentato la speculazione sulla possibile chiave per comprendere l'identità dell' Uomo di Somerton e le circostanze della sua morte.

Numerose teorie sono state avanzate riguardo al significato del codice, inclusa l'ipotesi che potesse contenere informazioni cruciali sulla sua identità, sulla sua morte o sulle persone coinvolte. Tuttavia, nonostante gli sforzi incessanti, il codice rimane uno dei più grandi enigmi non risolti nella storia investigativa.

Gli investigatori e gli appassionati di misteri hanno continuato a esaminare attentamente ogni aspetto del libro e del codice, sperando di trovare una chiave o un indizio che potesse finalmente fornire una soluzione al caso. La presenza di un enigma criptico ha reso il mistero di Somerton un caso senza precedenti, sfidando le normali procedure investigative e intrigando le menti di chiunque sia venuto a contatto con questa storia avvolta dal mistero.

L'Indagine e le Connessioni Internazionali

Con il passare del tempo, il caso di Somerton ha attirato l'attenzione delle autorità investigative e degli esperti di tutto il mondo. L'assenza di indizi riguardo all'identità del defunto e le circostanze oscure della sua morte hanno portato a un'indagine approfondita, coinvolgendo risorse internazionali nella speranza di gettare luce sul mistero.

Gli investigatori hanno studiato attentamente ogni elemento collegato al caso, compresi il tesserino "Tamam Shud", il libro "Rubaiyat" e il codice cifrato. Nonostante gli sforzi, nessuna informazione utile è emersa, e la mancanza di una chiara traccia ha complicato ulteriormente l'indagine. Anche la consultazione di archivi e database internazionali non ha fornito alcuna corrispondenza con l'identità dell' Uomo di Somerton.

In un tentativo di esplorare possibili connessioni internazionali, le autorità hanno collaborato con Interpol, ma nemmeno questa cooperazione ha portato a una svolta nel caso. L'assenza di una base informativa e di prove concrete ha lasciato gli investigatori con poche opzioni per avanzare nella risoluzione del mistero.

Il mistero di Somerton ha suscitato teorie e speculazioni riguardo a una possibile vita segreta o attività clandestina. Alcuni hanno suggerito che potesse essere coinvolto in spionaggio, mentre altri hanno ipotizzato collegamenti con organizzazioni misteriose. La mancanza di chiarezza ha alimentato la creazione di diverse narrazioni, dando origine a una serie di ipotesi, alcune più plausibili e altre decisamente più fantasiose.

Il caso Somerton, con la sua complessità e la mancanza di risposte concrete, rimane un enigma senza soluzione e continua a essere oggetto di interesse per investigatori, appassionati di misteri irrisolti e curiosi di tutto il mondo.

Le Teorie e le Ipotesi

Nel corso degli anni, il caso di Somerton ha dato origine a numerose teorie e ipotesi, alimentando il fascino e la speculazione intorno a questo mistero senza soluzione. L'assenza di informazioni concrete sull'identità del defunto e sulle circostanze della sua morte ha dato spazio a un vasto panorama di congetture, alcune delle quali più plausibili, mentre altre si sono avventurate in territori più fantastici.

Ipotesi legate allo Spionaggio:
Alcuni esperti e appassionati hanno suggerito che l' Uomo di Somerton potesse essere coinvolto in attività di spionaggio. La mancanza di documenti di identità, l'assenza di legami con persone conosciute e la presenza di oggetti enigmatici hanno contribuito a sostenere questa teoria. Tuttavia, non ci sono prove concrete a sostegno di questa ipotesi, e rimane puramente speculativa.

Connessioni con Organizzazioni Segrete:
Altre ipotesi hanno proposto che il caso Somerton potesse avere collegamenti con organizzazioni segrete o clandestine. La natura criptica del caso, con il tesserino "Tamam Shud" e il codice cifrato, ha alimentato l'immaginazione di coloro che credono a teorie che coinvolgono società segrete o addirittura presunti progetti governativi.

Coinvolgimento con Persone Sconosciute:
La mancanza di qualsiasi tipo di identificazione o informazione personale sul defunto ha portato a speculazioni sulla sua vita privata. Alcuni ipotizzano che potesse essere coinvolto in relazioni complesse o che avesse motivi per nascondere la sua identità.

Teorie sull'Amore Perduto:
C'è chi suggerisce che l' Uomo di Somerton potesse essere coinvolto in una storia d'amore tragica, spiegando la sua morte come un possibile suicidio. Tuttavia, questa ipotesi si basa su congetture e non è supportata da prove concrete.

Teorie Paranormali:

In alcuni casi, sono state avanzate teorie più fantasiose, coinvolgendo elementi paranormali o interdimensionali. Queste ipotesi, spesso prive di fondamento razionale, riflettono la tendenza umana a cercare spiegazioni più straordinarie in assenza di informazioni chiare.

Con ogni nuova teoria e ipotesi, il mistero di Somerton continua a sfidare gli investigatori e a catturare l'immaginazione di coloro che cercano di risolvere uno dei casi più enigmatici nella storia della criminalità irrisolta.

L' Uomo di Somerton nella Cultura Popolare

Il caso Somerton ha superato i confini delle indagini ufficiali, divenendo una parte integrante della cultura popolare e un'icona dei misteri irrisolti. La sua storia ha ispirato numerosi scrittori, film-maker, artisti e appassionati di misteri, contribuendo a mantenere vivo l'interesse per questo enigma senza risposta.

Opere Letterarie:
Diversi autori hanno incorporato il mistero di Somerton nelle loro opere letterarie. Racconti, romanzi e storie che si basano su questo caso sono diventati una sottocategoria apprezzata del genere di mistero e thriller, dando vita a nuove interpretazioni creative e visioni speculative della vicenda.

Documentari e Film:
Il caso ha anche attratto l'attenzione del mondo cinematografico e televisivo. Documentari dedicati all' Uomo di Somerton hanno esplorato le intricanti sfaccettature del mistero, mentre film e programmi televisivi hanno attinto ispirazione da questa storia per creare narrazioni coinvolgenti che cercano di gettare luce sulle possibili soluzioni.

Comunità Online e Discussione Pubblica:
Internet ha fornito un terreno fertile per la diffusione delle teorie e delle discussioni riguardanti l' Uomo di Somerton. Comunità online, forum e gruppi di discussione sono emersi, consentendo a esperti e appassionati di condividere informazioni, teorie e opinioni sul caso. La rete ha amplificato l'interesse globale per questo mistero, portando alla creazione di una comunità virtuale dedicata all'analisi approfondita e alla condivisione delle ultime scoperte.

Legacy Culturale:

Il Mistero di Somerton rimane un esempio tangibile di come un mistero senza risposta possa permeare la cultura popolare. La sua storia continua a essere oggetto di dibattito e speculazione, contribuendo alla creazione di una mitologia moderna intorno a un uomo senza nome trovato su una spiaggia australiana.

In definitiva, l'Uomo di Somerton è diventato più di un caso irrisolto; è un fenomeno culturale che continua a stimolare la curiosità di coloro che sono affascinati dall'ignoto. La sua presenza nella cultura popolare è un tributo alla persistenza dei misteri senza soluzione nel catturare l'immaginazione umana.

Capitolo 16: Il mistero delle sfere di fuoco

L'Inizio del Mistero delle Sfere di Fuoco

Il mistero delle sfere di fuoco ha inizio con una serie di avvistamenti e segnalazioni di fenomeni sconosciuti, comunemente descritti come orbite luminose nel cielo notturno. Queste sfere, che sembrano emettere luce propria, sono state riportate da persone in varie parti del mondo, suscitando domande sulla loro origine e natura.

Caratteristiche e Comportamenti Anomali delle Sfere di Fuoco

Le sfere di fuoco, oggetti luminosi e sferici che si muovono nel cielo notturno, presentano una serie di caratteristiche e comportamenti che le distinguono da fenomeni celesti convenzionali. Gli avvistamenti e le testimonianze di chi ha osservato queste sfere hanno contribuito a delineare un quadro di fenomeni straordinari e difficilmente spiegabili.

 Luminosità e Colore:
Le sfere di fuoco sono spesso descritte come emettenti una luce propria, distinguendosi per la loro intensità luminosa nel cielo notturno. Il colore di questa luce può variare, andando dal bianco brillante al rosso, all'arancione o al verde. Questa caratteristica ha catturato l'attenzione degli osservatori e ha contribuito a rendere questi oggetti ancora più misteriosi.

 Movimenti Non Convenzionali:
Ciò che distingue ulteriormente le sfere di fuoco sono i loro movimenti apparentemente non convenzionali. Testimoni oculari hanno riferito di accelerazioni improvvise, decolli verticali rapidi, cambi di direzione istantanei e veloci manovre aeree. Questi comportamenti sfidano le leggi della fisica tradizionale e aggiungono un elemento di incredulità agli avvistamenti.

 Forma e Dimensioni:
La forma sferica è una costante tra le descrizioni delle sfere di fuoco. Tuttavia, la dimensione di questi oggetti può variare notevolmente. Alcuni avvistamenti riportano sfere relativamente piccole, mentre altri descrivono oggetti di dimensioni più imponenti nel cielo. Questa diversità nelle dimensioni contribuisce a creare un quadro variegato di esperienze di avvistamento.

 Comportamenti Intelligenti:
Alcuni rapporti testimoniano comportamenti che sembrano suggerire un'intelligenza dietro le sfere di fuoco. Movimenti coordinati, risposte a segnali o addirittura interazioni con gli osservatori sono stati riportati da chi ha assistito a tali fenomeni. Questi elementi hanno alimentato la speculazione su una possibile natura controllata o guidata di queste sfere.

Durata e Velocità Variabili:

Le sfere di fuoco possono manifestarsi nel cielo per periodi variabili, da brevi apparizioni a prolungati avvistamenti. La loro velocità può essere altrettanto mutevole, con alcune sfere che sembrano fluttuare lentamente mentre altre sfrecciano attraverso il cielo a velocità incredibili. Questa diversità di comportamenti ha reso difficile categorizzare in modo uniforme questi fenomeni.

L'insieme di queste caratteristiche rende il mistero delle sfere di fuoco un fenomeno complesso e affascinante, lasciando aperte molte domande sulla loro origine, natura e scopo nel cielo notturno.

Investigazioni Ufficiali e Teorie Tradizionali sulle Sfere di Fuoco

L'enigma delle sfere di fuoco ha suscitato l'interesse di diverse autorità e organizzazioni, spingendole a intraprendere indagini ufficiali per cercare spiegazioni razionali dietro questi fenomeni apparentemente inspiegabili. Allo stesso tempo, le teorie tradizionali sono state proposte per cercare di gettare luce su questi enigmi celesti.

Indagini Militari e Governative:
Diverse forze armate e agenzie governative hanno indagato sugli avvistamenti di sfere di fuoco nel tentativo di determinarne la natura e l'origine. Le indagini hanno coinvolto l'analisi di testimonianze oculari, la raccolta di dati radar e l'uso di strumenti avanzati per monitorare i cieli. Tuttavia, la mancanza di prove concrete e la natura fugace di molti avvistamenti hanno reso estremamente difficile ottenere risultati conclusivi.

Teorie Tradizionali:
Alcune teorie tradizionali hanno tentato di spiegare le sfere di fuoco in termini più convenzionali. Ad esempio, si è suggerito che alcuni avvistamenti potrebbero essere attribuibili a fenomeni atmosferici, come fulmini globulari o fenomeni di elettricità statica. Altri hanno avanzato l'ipotesi che molte sfere di fuoco potrebbero essere il risultato di lanterne cinesi o droni. Tuttavia, queste spiegazioni tradizionali non coprono tutti gli aspetti dei fenomeni riportati e molte testimonianze sfidano queste interpretazioni.

Fenomeni Celesti Convenzionali:
Un'altra categoria di teorie tradizionali considera le sfere di fuoco come oggetti celesti convenzionali, come satelliti artificiali, stelle cadenti o pianeti luminosi. Tuttavia, molte testimonianze descrivono movimenti e comportamenti che vanno oltre le caratteristiche di tali oggetti celesti, sfidando queste spiegazioni più ordinarie.

Limiti delle Indagini Ufficiali:

Le indagini ufficiali si sono scontrate con limiti significativi, tra cui la mancanza di prove fisiche concrete, la soggettività delle testimonianze e la difficoltà nel monitorare fenomeni fugaci e imprevedibili. L'assenza di una spiegazione univoca ha portato molte indagini a concludersi senza risposte definitive, contribuendo alla persistenza del mistero.

Esploriamo quindi le sfide e le limitazioni delle indagini ufficiali e delle teorie tradizionali, gettando un'ombra di incertezza sulla vera natura delle sfere di fuoco nel cielo notturno.

Teorie della Cospirazione e Misteri Irrisolti sulle Sfere di Fuoco

Il mistero delle sfere di fuoco è stato spesso avvolto da teorie della cospirazione e da una serie di enigmi che resistono a una spiegazione convenzionale. Questo capitolo esplora le speculazioni più audaci e le questioni ancora senza risposta associate a queste sfere luminose nel cielo notturno.

Tecnologie Segrete e Governi:
Una delle teorie della cospirazione più diffuse suggerisce che alcune sfere di fuoco possano essere il risultato di tecnologie segrete sviluppate da governi o entità militari avanzate. Si ipotizza che siano veicoli aerei di nuova generazione o droni ad alte prestazioni utilizzati per scopi non divulgati al pubblico. Tuttavia, la mancanza di prove tangibili rende questa teoria difficile da confermare.

Presenza Extraterrestre:
Molte teorie della cospirazione associano le sfere di fuoco a una presunta presenza extraterrestre. Si sostiene che queste sfere siano veicoli spaziali o dispositivi di monitoraggio utilizzati da entità aliene per studiare la Terra o interagire con l'umanità. Queste speculazioni sono alimentate dalla natura apparentemente avanzata dei movimenti delle sfere e dalla loro mancanza di spiegazione terrestre.

Fenomeni Interdimensionali:
Alcune teorie spingono oltre il concetto di presenza extraterrestre, suggerendo che le sfere di fuoco potrebbero essere fenomeni interdimensionali. Questa ipotesi propone che tali oggetti siano manifestazioni di realtà parallele o universi alternativi, che occasionalmente si svelano nella nostra dimensione.

Coinvolgimento delle Forze Oscure:

In alcune narrazioni, si sostiene che ci sia un coinvolgimento di forze oscure, organizzazioni segrete o addirittura esseri sovrannaturali dietro le sfere di fuoco. Questa teoria aggiunge un elemento di suspense e mistero, con suggestioni di un potere nascosto che controlla questi fenomeni.

Testimonianze di Incontri Ravvicinati:
In alcuni casi, avvistamenti di sfere di fuoco sono stati correlati a incontri ravvicinati con presunte entità aliene. Testimoni hanno riferito di comunicazioni telepatiche, strane sensazioni e fenomeni paranormali associati a queste esperienze. Tuttavia, la veridicità di tali racconti rimane aperta a interpretazioni soggettive.

Queste teorie della cospirazione contribuiscono alla complessità del mistero delle sfere di fuoco, offrendo interpretazioni alternative che spesso sfidano le spiegazioni convenzionali. Abbiamo esplorato l'intricato intreccio di speculazioni e misteri che circondano questo fenomeno enigmatico.

Fenomeni Correlati e Incontri Ravvicinati con le Sfere di Fuoco

Il mistero delle sfere di fuoco non si limita solo agli avvistamenti luminosi nel cielo notturno; spesso, si intreccia con racconti di incontri ravvicinati e fenomeni correlati che amplificano l'aura di mistero intorno a questi enigmatici oggetti celesti.

Incontri Ravvicinati con Entità Extraterrestri:
Alcuni avvistamenti di sfere di fuoco sono stati accompagnati da testimonianze di incontri ravvicinati con presunte entità extraterrestri. Chi ha vissuto queste esperienze racconta di esseri di forma insolita, comunicazioni telepatiche e interazioni fisiche con queste presunte entità. Questi racconti alimentano l'idea di una connessione più profonda tra le sfere di fuoco e una possibile presenza aliena.

Fenomeni Paranormali Associati:
In alcuni casi, le sfere di fuoco sono state associate a fenomeni paranormali come luci fantasma, poltergeist o apparizioni misteriose. Questa interconnessione tra i fenomeni celesti e quelli paranormali aggiunge uno strato di complessità e suggerisce una possibile relazione tra il mondo fisico e quello metafisico.

Effetti Fisici Sugli Osservatori:
Chi ha avuto incontri ravvicinati con le sfere di fuoco talvolta riporta effetti fisici, come disturbi alla percezione sensoriale, ustioni o cambiamenti nella coscienza. Questi presunti effetti hanno portato a speculazioni sulla possibile influenza di campi energetici o raggi sconosciuti associati a questi oggetti.

Comunicazioni Telepatiche:

Alcune testimonianze includono racconti di comunicazioni telepatiche con le sfere di fuoco o con le presunte entità ad esse collegate. Questi episodi aggiungono un elemento di mistero e coinvolgimento psichico, spingendo la narrativa al di là del semplice avvistamento di oggetti luminosi.

Manifestazioni di Luci Anomale:
Le sfere di fuoco sono talvolta descritte come precursori o accompagnate da altri fenomeni luminosi anomali, come cerchi di luce, raggi laser apparentemente provenienti da queste sfere o luci multicolori. Questi fenomeni correlati contribuiscono a creare un quadro più complesso dell'esperienza legata alle sfere di fuoco.

Abbiamo esplorato dunque la connessione tra le sfere di fuoco e altri fenomeni enigmatici, spostandosi oltre il semplice avvistamento per esplorare gli aspetti più profondi e misteriosi di queste esperienze celesti.

Impatto Culturale e Futuro delle Indagini sulle Sfere di Fuoco

L'impatto culturale delle sfere di fuoco è palpabile, influenzando la narrativa popolare, l'arte, la letteratura e la cinematografia. Questo capitolo esplora il modo in cui il mistero delle sfere di fuoco ha lasciato un'impronta duratura sulla società e getta uno sguardo verso il futuro delle indagini su questi enigmatici fenomeni celesti.

Icona Culturale e Mito Moderno:
Le sfere di fuoco sono diventate un'icona culturale e un mito moderno, evocando curiosità e fascinazione. La loro presenza nell'immaginario collettivo si riflette in opere di fantasia, da libri a film e serie televisive, contribuendo a mantenerle vive nella cultura popolare. Questa iconicità contribuisce a mantenere il mistero delle sfere di fuoco ben oltre il loro immediato contesto di avvistamenti.

Riflessi Nell'Arte e nella Letteratura:
Artisti e scrittori hanno spesso trovato ispirazione nelle sfere di fuoco per creare opere che esplorano il mistero, l'ignoto e il soprannaturale. La pittura, la scultura, la letteratura e altre espressioni artistiche hanno contribuito a dare forma e profondità al concetto delle sfere di fuoco, influenzando la percezione pubblica di questi fenomeni.

Media e Divulgazione:
Il mistero delle sfere di fuoco è stato oggetto di numerosi documentari, programmi televisivi e reportage mediatici. Questa esposizione mediatica ha reso il fenomeno accessibile a un pubblico più ampio, alimentando il dibattito e generando un interesse diffuso. La divulgazione continua ad alimentare l'immaginazione collettiva e a incoraggiare ulteriori indagini.

Comunità Online e Condivisione di Esperienze:

La proliferazione di comunità online, forum e piattaforme sociali ha permesso a coloro che hanno avuto esperienze con le sfere di fuoco di condividere le proprie storie e di trovare un sostegno nella comunità. Questi spazi consentono una discussione aperta e l'analisi collaborativa di nuovi avvistamenti, contribuendo a mantenere viva l'attenzione su questo mistero.

 Futuro delle Indagini:
Il futuro delle indagini sulle sfere di fuoco è ancorato alla continua ricerca scientifica e all'avanzamento delle tecnologie di osservazione del cielo. L'utilizzo di droni, satelliti e strumenti di monitoraggio avanzati potrebbe aprire nuove prospettive nella comprensione di questi fenomeni. Tuttavia, la complessità del mistero potrebbe richiedere un approccio multidisciplinare e la collaborazione tra ricercatori, scienziati e appassionati.

In conclusione, il capitolo riflette sull'impatto duraturo del mistero delle sfere di fuoco sulla cultura e sulla società, sottolineando la necessità di approcci innovativi per risolvere questo enigma celeste.

Capitolo 17: Il Mistero dei Crop Circles

Le Prime Segnalazioni

Il mistero dei crop circles ha inizio nei primi anni ottanta in Inghilterra con le prime
segnalazioni di cerchi e figure intricate che apparivano nei campi coltivati. Questo
capitolo esplora i primi avvistamenti, e all'evoluzione di questi enigmi agricoli. Con il
passare degli anni, il fenomeno ha poi assunto una diffusione mondiale.

La Complessità dei Disegni

Con il passare degli anni, i crop circles hanno evoluto la loro semplicità in intricati
disegni, creando un vasto repertorio di figure che variano in complessità e dettagli.
Questo capitolo esplora la diversità delle forme che sono emerse nel corso del tempo,
rivelando l'incredibile varietà di disegni che caratterizzano il fenomeno.

Da Cerchi Semplici a Disegni Complessi:

Negli anni "80, i primi crop circles erano spesso costituiti da cerchi semplici o anelli
concentrici. Tuttavia, con il passare del tempo, la complessità dei disegni ha iniziato a
aumentare, dando vita a forme geometriche elaborate, labirinti intricati e pattern
sofisticati.

Mandala e Simmetria:
Molti crop circles presentano una simmetria notevole, con pattern che si sviluppano
radialmente, formando mandala complessi. Questi disegni simmetrici hanno catturato
l'attenzione per la loro bellezza e precisione, suscitando interrogativi sulla loro
origine e sulla possibilità che siano creazioni umane.

Dimensioni e Scala:
La dimensione e la scala dei crop circles variano notevolmente. Alcuni sono piccoli e
intricati, mentre altri occupano estese aree dei campi coltivati. Questa diversità nelle
dimensioni aggiunge un elemento di complessità al fenomeno, poiché alcuni disegni
richiedono un notevole sforzo e precisione per essere creati.

Elementi Figurativi e Rappresentazioni Iconiche:
Oltre alle forme geometriche, alcuni crop circles includono elementi figurativi, come
rappresentazioni di animali, simboli o icone culturali. Questi disegni aggiungono un
livello di intrigante complessità, poiché sembrano richiedere una pianificazione
dettagliata e una conoscenza specifica da parte dei creatori.

Sviluppi Creativi e Innovazioni:

Con il tempo, ci sono stati sviluppi creativi e innovazioni nel design dei crop circle. Alcuni disegni incorporano effetti tridimensionali o illusioni ottiche che possono essere apprezzati appieno solo dall'alto. Questi elementi aggiuntivi hanno reso i crop circles non solo enigmi visivi, ma anche espressioni artistiche uniche.

La Reazione del Pubblico:
La complessità dei disegni ha suscitato reazioni diversificate nel pubblico. Da un lato, c'è chi ammira l'abilità e l'ingegnosità dietro queste creazioni, considerandole vere opere d'arte. Dall'altro lato, ci sono coloro che si interrogano sulla loro autenticità e sulla possibilità che siano il risultato di frodi elaborate o di coltivazioni umane.

Questo capitolo esplora quindi l'evoluzione dei crop circles dalla loro forma più semplice a intricati disegni, evidenziando la diversità e la complessità che caratterizzano questo fenomeno misterioso.

Teorie e Speculazioni

Il mistero dei crop circles è stato accompagnato da una serie di teorie e speculazioni riguardo alla loro origine e al significato dietro queste intricate figure. Questo capitolo esplora inoltre le molteplici interpretazioni e ipotesi che sono state avanzate nel tentativo di gettare luce sul fenomeno.

Ipotesi Extraterrestri:
Una delle teorie più ricorrenti è legata a presunte visite extraterrestri. Sostenitori di questa ipotesi suggeriscono che i crop circles siano messaggi o segni creati da esseri provenienti da altri mondi. L'idea è alimentata dalla complessità geometrica dei disegni, che alcuni considerano troppo elaborati per essere realizzati dagli esseri umani.

Arte Umana e Sperimentazioni Creative:
Alcuni ritengono che i crop circles siano opere d'arte realizzate da artisti umani o gruppi di sperimentazione creativa. Questa teoria suggerisce che gli artisti utilizzino campi coltivati come tela per esprimere la loro creatività, ma rimane il mistero di come possano creare figure così intricate senza lasciare tracce evidenti.

Comunicazioni da Intelligenze Sconosciute:
C'è chi suggerisce che i crop circles siano forme di comunicazione provenienti da intelligenze sconosciute, che cercano di trasmettere messaggi o simboli agli esseri umani. Questa ipotesi alimenta la percezione dei crop circles come enigmi da decifrare, come se fossero codici o lingue non comprese.

Fenomeni Naturali e Spiegazioni Scientifiche:

Alcuni scettici propongono spiegazioni più terrene, suggerendo che i crop circle possano essere causati da fenomeni naturali o processi geologici sconosciuti. Tuttavia, questa teoria è spesso respinta da sostenitori delle ipotesi più misteriose, poiché non spiega la complessità e la precisione di molti disegni.

Creazioni Umane per Attrarre l'Attenzione:
Alcuni individui potrebbero creare crop circles deliberatamente per attirare l'attenzione dei media, turisti o appassionati del mistero. Questa teoria suggerisce che alcuni cerchino di capitalizzare sull'interesse generato da questi enigmi, senza che ciò implichi necessariamente un significato più profondo.

Costruzioni Paranormali e Spirituali:
Alcune interpretazioni vedono i crop circles come costruzioni paranormali o manifestazioni di energie spirituali. Questa teoria suggerisce che possano essere collegati a fenomeni paranormali o a forze al di là della comprensione scientifica.

Questo capitolo offre un panorama delle diverse teorie e speculazioni che circondano il fenomeno dei crop circles, riflettendo la complessità e la diversità delle interpretazioni che lo circondano.

L'Impatto Culturale

Il fenomeno dei crop circles non si limita al loro aspetto nei campi coltivati; ha anche lasciato un'impronta duratura sulla cultura popolare. Questo capitolo esplora l'influenza dei crop circle nel mondo dell'arte, della letteratura, della cinematografia e al di là, evidenziando il loro impatto culturale duraturo.

I Crop Circles nell'Arte Contemporanea:
Numerosi artisti contemporanei hanno tratto ispirazione dai crop circles, incorporando elementi simili nei loro lavori. Quadri, sculture e installazioni d'arte spesso rieccheggiano le forme geometriche e simmetriche che caratterizzano i disegni nei campi, contribuendo a una sorta di connessione tra l'arte contemporanea e il mistero dei crop circles.

Riferimenti Letterari e Narrativi:

I crop circles hanno trovato spazio anche nella narrativa. Romanzi, racconti e opere letterarie spesso incorporano il mistero dei crop circle come elemento chiave della trama. Questi riferimenti letterari contribuiscono a mantenere viva la curiosità pubblica e la percezione romantica dietro il fenomeno.

Crop Circle nei Media e nel Cinema:

I crop circles sono diventati protagonisti di documentari e film che esplorano il fenomeno da diverse prospettive. Dall'approccio scientifico alle interpretazioni più mistiche, i media visivi hanno contribuito a diffondere il mistero dei crop circle e a plasmarne la percezione pubblica.

Simbologia Popolare e Merchandising:
La simbologia intrinseca dei crop circles è stata adottata in vari contesti. Oggetti di merchandising, abbigliamento e altri prodotti spesso presentano design ispirati ai crop circles, trasmettendo un'estetica moderna e misteriosa.

Eventi e Festival:
Diversi eventi e festival celebrano l'interesse per i crop circles. Questi raduni attirano appassionati, ricercatori e curiosi da tutto il mondo, creando comunità e spazi di discussione per esplorare il fenomeno in tutte le sue sfaccettature.

L'Iconicità dei Crop Circles:

I crop circles sono diventati icone di mistero e bellezza geometrica. La loro iconicità si manifesta attraverso l'uso frequente in design, pubblicità e come elementi visivi distintivi associati al mistero e all'ignoto.

Questo capitolo evidenzia come i crop circles non siano solo fenomeni fisici nei campi coltivati, ma anche influenze pervasive nella cultura popolare, contribuendo a un fascino duraturo e a una continua riflessione sul loro significato e origine.

Investigazioni

Nel corso degli anni, molteplici sforzi sono stati compiuti per indagare e svelare l'origine dei crop circles. Questo capitolo esplora le varie investigazioni condotte da scienziati, ricercatori indipendenti e appassionati, delineando le conclusioni raggiunte e le domande ancora aperte.

Scienziati e Ricerca Accademica:
Alcuni scienziati hanno intrapreso studi sistematici per comprendere la natura dei crop circles. Ricerche sul campo, analisi del terreno e studi scientifici hanno cercato di determinare se ci siano spiegazioni naturali o se la complessità dei disegni richieda una spiegazione più insolita.

Conclusioni Ufficiali e Spiegazioni Terrene:

Mentre molte teorie misteriose circondano i crop circles, alcune investigazioni
ufficiali hanno concluso che molti di essi sono prodotti da attività umana. Alcuni
cerchi sono stati attribuiti a artisti o coltivatori che li creano per varie ragioni, inclusa
l'attrazione turistica.

La Complessità dei Disegni e la Tecnologia Moderna:
La crescente complessità dei disegni ha sollevato interrogativi sulla capacità umana
di crearli senza lasciare tracce evidenti. Tuttavia, l'avvento della tecnologia moderna,
come droni e software di progettazione assistita, ha alimentato la possibilità che
alcuni disegni elaborati possano essere il risultato di abilità umane avanzate.

Investigatori Dilettanti e Community Online:
Numerosi appassionati e investigatori dilettanti si sono dedicati all'analisi dei crop
circles. Le community online sono diventate luoghi di scambio di teorie, immagini e
dati raccolti sul campo, contribuendo a una rete globale di individui interessati a
risolvere il mistero.

Casi di Frode e Manifestazioni Umane:
Alcuni casi di frode hanno gettato ombre sul fenomeno dei crop circle. Alcuni artisti
hanno ammesso di aver creato alcune figure, dimostrando che almeno una parte dei
cerchi può essere attribuita a manifestazioni umane piuttosto che a cause paranormali
o extraterrestri.

La Sfida del Mistero Irrisolto:
Nonostante gli sforzi compiuti, il mistero dei crop circle rimane ampiamente irrisolto.
Le spiegazioni variano, ma nessuna risposta definitiva è stata accettata
universalmente, mantenendo il fenomeno come un enigma intrigante e aperto a
interpretazioni multiple.

Questo capitolo riflette sulle molteplici indagini condotte sui crop circle nel corso
degli anni, esplorando le conclusioni raggiunte e il persistere del mistero dietro questi
enigmi agricoli.

Crop Circle Artistiche e Festival

Il capitolo precedente ha esplorato gli sforzi compiuti per investigare e comprendere i
crop circles, ma questo fenomeno ha anche ispirato la creatività e l'arte. Il capitolo si
concentra sul lato artistico dei crop circle, esplorando come queste figure
intricatamente disegnate siano diventate una forma di espressione artistica a sé stante
e abbiano dato vita a eventi e festival dedicati.

Crop Circles come Forma d'Arte:

Alcuni artisti vedono i campi coltivati come la loro tela e i crop circles come la loro forma d'arte. Questi individui cercano di creare figure geometriche complesse, spesso prendendo ispirazione dai pattern dei crop circle esistenti o inventandone di nuovi. Questa manifestazione artistica ha portato i crop circles a essere apprezzati come espressioni estetiche uniche.

Eventi Artistici e Festival:
Diversi eventi artistici e festival sono stati organizzati per celebrare i crop circles come forma d'arte. Artisti provenienti da tutto il mondo si sono riuniti per creare disegni elaborati nei campi, contribuendo a una sorta di "performance artistica agricola". Questi eventi offrono anche l'opportunità di discutere delle sfumature artistiche, culturali e sociali legate ai crop circles.

Esposizioni e Installazioni:
Alcuni crop circles, creati in contesti controllati o successivamente replicati, sono diventati oggetto di esposizioni d'arte. Le installazioni permettono agli spettatori di esplorare da vicino la complessità dei disegni, promuovendo la loro percezione come opere d'arte autonome e non solo come fenomeni naturali o paranormali.

Il Ruolo degli Artisti Contemporanei:
Artisti contemporanei hanno abbracciato i crop circles come forma d'arte, incorporando elementi simili nei loro lavori. Questa influenza reciproca tra artisti e crop circles contribuisce a mantenere viva la discussione sull'origine e sul significato dei disegni nei campi coltivati.

Espressioni Artistiche Uniche:
La transient nature dei crop circles, spesso soggetti a deterioramento naturale o coltivazioni successive, aggiunge un elemento di unicità e fugacità all'espressione artistica. Questa caratteristica effimera potrebbe essere parte integrante della loro attrattiva artistica.

Contestualizzazione Artistica e Culturale:
Il capitolo esplora come i crop circles siano stati contestualizzati all'interno del panorama artistico e culturale contemporaneo, influenzando le tendenze artistiche e ispirando nuove prospettive sulle connessioni tra natura, arte e mistero.

In sintesi, il capitolo 6 delinea il ruolo dei crop circles come forme d'arte, evidenziando come abbiano ispirato eventi, festival e opere d'arte uniche, inserendosi così nel contesto più ampio della creatività umana.

Capitolo 18: L'evento di Tunguska

L'Esplosione di Tunguska

Nel 1908, la remota regione di Tunguska, situata nella Siberia centrale, è diventata il palcoscenico di uno degli eventi più enigmatici della storia scientifica. Questo capitolo esplora gli avvenimenti e le peculiarità che hanno caratterizzato l'esplosione di Tunguska, scuotendo il mondo e dando vita a una serie di misteri ancora irrisolti.

Il Giorno del Cataclisma:
Il 30 giugno 1908, un'esplosione di eccezionale potenza si verificò nei cieli sopra Tunguska. La forza dell'esplosione fu così intensa da abbattere milioni di alberi in un raggio di 2.150 chilometri quadrati, creando una vasta area di devastazione.

Un'Esplosione senza Cratere:
Una delle caratteristiche più intriganti dell'evento di Tunguska è la mancanza di un cratere d'impatto. Nonostante la devastazione degli alberi, nessuna traccia di un punto di impatto diretto fu individuata, suscitando interrogativi sulla causa dell'esplosione.

Onde d'Urto Globali:
L'esplosione non si limitò agli effetti locali. Onde d'urto provenienti dall'evento di Tunguska furono rilevate in tutto il mondo. In molte regioni, il cielo notturno fu illuminato da un bagliore simile a una notte di aurora boreale, impressionando osservatori lontani.

Un Mistero senza Testimoni:
La regione di Tunguska era scarsamente popolata e remotamente accessibile nel 1908. La mancanza di testimoni oculari diretti dell'esplosione ha complicato gli sforzi iniziali per comprendere appieno cosa fosse accaduto.

Primi Tentativi di Esplorazione:
La prima spedizione scientifica a Tunguska fu organizzata solo nel 1927, quasi vent'anni dopo l'evento. Gli scienziati cercarono prove, ma la difficoltà di muoversi attraverso le fitte foreste impedì la raccolta di dati esaustivi.

Il Mistero Persiste:
Nonostante gli sforzi di indagine, il mistero di Tunguska persiste. La mancanza di prove conclusive ha alimentato numerose teorie e ha dato vita a decenni di speculazioni, mantenendo l'evento come uno degli enigmi più significativi nella storia scientifica.

Questo capitolo offre uno sguardo dettagliato sugli eventi che circondano l'esplosione di Tunguska, gettando le basi per l'indagine approfondita delle cause e delle implicazioni di questo misterioso evento.

Ipotesi e Teorie sulla Causa

Dopo l'esplosione, numerosi scienziati e ricercatori hanno proposto diverse ipotesi e teorie per spiegare la causa dell'evento di Tunguska. Questo capitolo esamina le principali interpretazioni avanzate nel corso degli anni.

Teoria del Cometa:
Una delle prime teorie proposte suggerisce che un cometa, con la sua composizione volatile, abbia impattato con l'atmosfera terrestre, causando l'esplosione. Questa ipotesi è stata discussa e analizzata nel contesto degli elementi chimici trovati nella zona.

Impatto di un Corpo Extraterrestre:
Un'altra teoria avanza l'ipotesi di un impatto con un corpo celeste di origine extraterrestre, come un'astronave o una sonda. Tuttavia, questa ipotesi manca di prove concrete e non è stata ampiamente accettata dalla comunità scientifica.

Teoria Extraterrestre:
Una teoria più recente suggerisce che l'esplosione potrebbe essere stata causata dall'annientamento tra la materia e l'antimateria proveniente da un oggetto extraterrestre. Questa ipotesi, sebbene affascinante, solleva ulteriori domande sulla presenza di antimateria nello spazio.

Teoria delle Esplosioni di Gas:
Alcuni scienziati hanno avanzato l'idea che l'esplosione sia stata provocata da un accumulo di gas naturale nella zona di Tunguska, causando un'esplosione. Tuttavia, questa teoria è stata criticata per la mancanza di prove sostanziali.

Ipotesi della Cometa Frammentato:
Un'altra teoria suggerisce che un frammento di cometa, anziché la cometa intera, abbia colpito la Terra. Questa spiegazione potrebbe giustificare la mancanza di un cratere d'impatto significativo.

Questo capitolo delinea le diverse teorie avanzate per spiegare la causa dell'evento di Tunguska, evidenziando la complessità e la sfida nel comprendere appieno un evento così enigmatico.

Nel continuare a esplorare le ipotesi e le teorie sulla causa dell'evento di Tunguska, approfondiamo ulteriormente alcune delle interpretazioni proposte nel corso degli anni.

Impatto di un Asteroide o Meteorite:
Una delle teorie più comuni suggerisce che un asteroide o un meteorite abbia colpito la Terra, causando l'esplosione di Tunguska. Tuttavia, la mancanza di prove dirette, come un cratere d'impatto, ha alimentato la ricerca di altre spiegazioni.

Esplosione di un Oggetto Artificiale:

Alcuni studiosi hanno avanzato l'ipotesi che l'evento di Tunguska possa essere stato causato dall'esplosione di un oggetto artificiale, come un satellite o una sonda spaziale. Questa teoria tiene conto della mancanza di materiale estraneo rilevato nella zona.

Teoria del Modello Tunguska:
Questa teoria propone che un corpo celeste, probabilmente una cometa, abbia innescato un'esplosione aerea ad alta quota, senza impatto diretto con la superficie terrestre. Questo modello potrebbe spiegare la mancanza di un cratere e la distribuzione degli effetti sull'area circostante.

Contributi dalla Teoria Nucleare:
Alcuni ricercatori hanno suggerito che l'esplosione potrebbe essere stata causata da un evento nucleare, come la detonazione di una bomba atomica, ma questa ipotesi è stata ampiamente respinta a causa della mancanza di prove del coinvolgimento umano in tale evento.

Sfide nella Determinazione della Causa:
Una delle principali sfide nell'identificare la causa dell'evento di Tunguska è la mancanza di prove concrete. La remota posizione della regione e la difficoltà di accesso hanno reso le indagini complesse, alimentando così il mistero e le teorie variegate.

Progressi Tecnologici e Nuove Ricerche:
Con l'avanzamento delle tecnologie moderne, nuove ricerche sono state intraprese per cercare di gettare luce sull'evento di Tunguska. Studi avanzati, compresi rilevamenti satellitari e analisi chimiche, hanno contribuito a una comprensione più approfondita dell'impatto e delle sue possibili cause.

Questo paragrafo continua a esplorare le complesse ipotesi e teorie avanzate per spiegare la causa dell'evento di Tunguska, sottolineando la continua sfida di comprendere un evento così enigmatico.

Le Indagini Scientifiche

Dopo la sorprendente esplosione di Tunguska, gli scienziati di tutto il mondo hanno intrapreso sforzi significativi per cercare di comprendere la causa e le conseguenze di questo misterioso evento.

Prime Esplorazioni e Sfide Logistiche:
Le prime spedizioni scientifiche a Tunguska negli anni '20 e '30 affrontarono numerose sfide logistiche. La regione, scarsamente popolata e difficile da

raggiungere, richiedeva sforzi considerevoli per l'accesso e la raccolta di dati significativi.

Raccolta di Evidenze e Campioni:
Gli scienziati coinvolti nelle indagini cercarono di raccogliere prove materiali che potessero fornire indizi sulla natura dell'evento. Campioni di terreno, alberi e particolari tracce chimiche furono oggetto di attenta analisi.

Analisi Chimiche e Geologiche:
Gli studiosi si concentrarono su analisi chimiche e geologiche per cercare di comprendere la composizione del terreno e le anomalie chimiche legate all'esplosione. Queste analisi fornirono dati cruciali, ma l'assenza di un cratere complicò la ricostruzione degli eventi.

Modelli di Simulazione:
Con l'avanzare della tecnologia, modelli di simulazione al computer furono impiegati per cercare di ricreare l'evento di Tunguska. Questi modelli aiutarono gli scienziati a esplorare diverse possibilità, comprese le ipotesi di impatto con un asteroide o una cometa.

Teorie Sull'Origine Extraterrestre:
Alcune indagini si sono orientate verso l'ipotesi di un'origine extraterrestre. La ricerca di eventuali frammenti meteoritici o tracce aliene ha generato dibattiti scientifici sulla natura dell'evento.

Esplorazioni Avanzate:
Con il passare degli anni, tecnologie più avanzate hanno consentito esplorazioni più dettagliate. Rilevamenti satellitari, analisi geofisiche e nuove ricerche sul campo hanno aggiunto ulteriori strati di comprensione, anche se il mistero di Tunguska non è ancora stato completamente risolto.

Contributi Internazionali:
La comunità scientifica internazionale ha giocato un ruolo cruciale nelle indagini su Tunguska. La collaborazione tra ricercatori di diverse nazionalità ha ampliato la portata delle indagini e ha portato a una migliore comprensione di questo enigma.

Questo capitolo offre uno sguardo dettagliato sulle indagini scientifiche che hanno cercato di svelare il mistero di Tunguska, evidenziando l'evoluzione delle tecniche e delle teorie nel tentativo di comprendere questo evento straordinario.

Teorie Avanzate e Prospettive Futuro

Nel corso degli anni, diverse teorie avanzate hanno cercato di spiegare l'evento di Tunguska, ciascuna con la sua prospettiva unica. Questo capitolo esplora alcune delle teorie più audaci e offre una panoramica sulle prospettive future nelle indagini sull'esplosione di Tunguska.

Teoria delle Particelle di Antimateria:
Una delle teorie più intriganti propone che l'evento di Tunguska sia stato causato dall'esplosione di una particella di antimateria proveniente dallo spazio. Questa ipotesi, sebbene affascinante, solleva interrogativi sulla presenza di antimateria nella nostra regione cosmica.

Implicazioni Nucleari:
Alcune teorie suggeriscono una possibile connessione con eventi nucleari naturali o addirittura con esperimenti umani. Tuttavia, l'assenza di prove concrete e la data precedente allo sviluppo delle armi nucleari umane sollevano dubbi su queste ipotesi.

Fenomeni Naturali Sconosciuti:
Ipotesi più speculative propongono l'idea di fenomeni naturali sconosciuti o ancora non compresi dalla scienza. Queste teorie esplorano l'ipotesi di eventi geofisici o celesti non ancora documentati o compresi nella loro interezza.

Sondaggi di Terreno Avanzati:
L'utilizzo di tecnologie avanzate, come rilevamenti satellitari ad alta risoluzione e strumenti geofisici sofisticati, potrebbe portare a nuovi livelli di comprensione. L'analisi dettagliata del terreno potrebbe rivelare tracce di impatto o materiali significativi che erano sfuggiti alle rilevazioni precedenti.

Coinvolgimento di Organizzazioni Internazionali:
La cooperazione internazionale potrebbe svolgere un ruolo cruciale nelle future indagini di Tunguska. Collaborazioni tra scienziati di diverse nazioni potrebbero consentire un approccio più completo, portando a nuovi sviluppi nelle ricerche.

Risonanza Pubblica e Nuove Generazioni di Ricercatori:
L'interesse pubblico per il mistero di Tunguska continua a crescere. Nuove generazioni di ricercatori, con approcci innovativi e tecnologie sempre più avanzate a loro disposizione, potrebbero portare a nuove prospettive e scoperte.

La Necessità di Approcci Multidisciplinari:
Affrontare il mistero di Tunguska richiederà approcci multidisciplinari che coinvolgano astronomia, geologia, chimica e altre discipline scientifiche. Una visione integrata potrebbe portare a una comprensione più completa e accurata dell'evento.

Questo capitolo esplora le teorie avanzate e le prospettive future nelle indagini sull'evento di Tunguska, sottolineando l'importanza di un approccio ampio e collaborativo per risolvere questo affascinante mistero scientifico.

Impatto sull'Immaginario Collettivo e la Cultura Popolare

L'esplosione di Tunguska ha avuto un impatto significativo sull'immaginario collettivo, influenzando la cultura popolare e stimolando la creatività di artisti, scrittori e registi. Questo capitolo esplora come l'evento di Tunguska è diventato un elemento di ispirazione per la narrativa e la cultura moderna.

L'Influenza nella Letteratura:
Numerosi scrittori hanno preso spunto dall'evento di Tunguska per creare storie di fantascienza e mistero. Opere letterarie, romanzi e racconti hanno immaginato scenari alternativi e spesso fantastici legati all'esplosione.

Tunguska nel Cinema e nella Televisione:
La storia di Tunguska ha fatto la sua comparsa in diversi film e programmi televisivi. Da documentari scientifici a drammi di fantascienza, l'evento ha fornito spunti per trame avvincenti e ha suscitato l'interesse del pubblico in tutto il mondo.

Iconografia e Arte:
Artisti di varie discipline hanno interpretato l'evento di Tunguska attraverso l'arte visiva. Dalle rappresentazioni realistiche alle visioni più astratte, l'esplosione ha ispirato opere d'arte che cercano di catturare la drammaticità e il mistero dell'evento.

Riflessioni e Prospettive Future

A conclusione di questo esplorativo viaggio attraverso l'evento di Tunguska, questo capitolo si dedica a riflessioni più ampie sull'impatto e sul significato di questo misterioso avvenimento. Inoltre, guarda alle prospettive future per la ricerca su Tunguska e su come il nostro approccio alla comprensione di tali eventi possa evolversi nel tempo.

Un Monumento Cosmico:
L'evento di Tunguska, nella sua unicità e mistero, può essere considerato un monumento cosmico che ci ricorda la natura dinamica e imprevedibile dell'universo. Questa esplosione ha contribuito a forgiare la consapevolezza della vulnerabilità della Terra a eventi celesti di grande portata.

Il Ruolo Continuo della Scienza:
Le indagini su Tunguska dimostrano quanto la scienza possa essere resiliente e adattabile nel cercare di comprendere fenomeni apparentemente inspiegabili. L'evento ha anche evidenziato la necessità di collaborazioni internazionali e approcci multidisciplinari per affrontare misteri complessi.

La Curiosità Umana e la Sete di Conoscenza:
Il costante interesse e la curiosità umana nei confronti di Tunguska rappresentano una

testimonianza della sete di conoscenza e della nostra incessante ricerca di spiegazioni. Questo capitolo riflette su come l'insaziabile desiderio di comprendere ciò che ci circonda continuerà a guidare la ricerca scientifica.

L'Importanza della Preservazione:
Data l'attrazione turistica verso la regione di Tunguska, il capitolo riflette anche sull'importanza della preservazione di questo sito storico e scientifico. Salvaguardare il luogo dell'esplosione è essenziale per le future generazioni di ricercatori e appassionati.

Nuove Frontiere della Ricerca:
Guardando al futuro, si esplorano le nuove frontiere della ricerca su Tunguska. L'uso di tecnologie sempre più avanzate e l'approfondimento delle collaborazioni internazionali potrebbero aprire nuove porte per svelare i segreti rimasti nascosti per oltre un secolo.

Il Mistero di Tunguska nel Contesto Cosmico:
Infine, questo capitolo pone l'evento di Tunguska nel contesto cosmico più ampio. In un universo vasto e inesplorato, gli eventi come questo ci ricordano la nostra posizione fragile e la necessità di continuare a esplorare e cercare comprensione.

Con queste riflessioni e prospettive future, concludiamo il nostro viaggio attraverso il mistero di Tunguska, consapevoli che la ricerca e la curiosità umana continueranno a guidare il nostro cammino verso la comprensione del cosmo che ci circonda.

Capitolo 19: Area 51

Introduzione all'Area 51

L'Area 51, situata nel deserto del Nevada, è uno dei luoghi più enigmatici al mondo, noto per il suo segreto e la sua connessione con teorie del complotto e incontri extraterrestri. Questo capitolo fornisce un'ampia introduzione a questa base militare ed esplora il contesto storico e geografico che ha contribuito a creare il mito dell'Area 51.

Geografia e Posizione:
L'Area 51 è situata all'interno della vasta Area di Addestramento e Test del Nevada (NTTR), una zona remota che si estende nel deserto del Nevada. Questa sezione inizia delineando la sua posizione precisa e l'accessibilità limitata, fondamentale per la sua funzione di base segreta.

Fondazione e Scopo Iniziale:
Il capitolo esamina le origini dell'Area 51, fondata negli anni '50 durante la Guerra Fredda come base aerea segreta per testare aerei sperimentali e progetti militari altamente classificati. Si esplorano le circostanze che hanno portato alla sua creazione e alla sua crescita iniziale.

Ruolo nella Guerra Fredda:
Durante la Guerra Fredda, l'Area 51 ha svolto un ruolo cruciale nello sviluppo di aerei da ricognizione e progetti segreti volti a mantenere la supremazia tecnologica degli Stati Uniti. Questa sezione analizza come la base è diventata centrale nel confronto USA-URSS.

Operazioni Segrete e Manutenzione del Segreto:
Il capitolo introduce anche le operazioni altamente segrete svolte all'interno dell'Area 51, inclusi test di volo avanzati e lo sviluppo di tecnologie militari all'avanguardia. La manutenzione estrema del segreto e il controllo dell'accesso alla base sono elementi distintivi dell'Area 51.

L'Età Moderna e la Crescente Attività Mediatica:
Con l'avanzare degli anni, l'Area 51 è diventata oggetto di crescente attenzione mediatica e pubblica. Le controversie e le teorie del complotto hanno contribuito a plasmare la sua immagine pubblica, trasformandola da base militare segreta a simbolo di mistero.

Questo racconto si addentra nella storia dettagliata dell'Area 51, esplorando le fasi cruciali del suo sviluppo e il ruolo fondamentale che ha svolto durante periodi significativi della storia degli Stati Uniti.

Fondazione e Primi Anni:
Si inizia con una rassegna della fondazione dell'Area 51 negli anni '50, focalizzandosi sui primi anni della sua esistenza e sulle ragioni che hanno portato alla sua creazione. Si esaminano i contesti politici e militari dell'epoca che hanno reso necessaria una base così segreta.

Progetti e Sperimentazioni:
L'Area 51 ha guadagnato la sua fama attraverso la conduzione di progetti altamente classificati e sperimentazioni pionieristiche. Questa sezione del capitolo si concentra sui progetti chiave che hanno avuto luogo all'interno della base, dall'aerodinamica avanzata all'esplorazione spaziale segreta.

Guerra Fredda e Ruolo Strategico:
Durante la Guerra Fredda, l'Area 51 è diventata un importante centro per l'innovazione tecnologica e lo sviluppo di aerei da ricognizione avanzati. Il capitolo esplora come la base ha contribuito strategicamente alla superiorità militare degli Stati Uniti in un contesto di crescente tensione globale.

Incidente di Roswell e Teorie Aliene:
Citiamo anche la connessione dell'Area 51 con il celebre incidente di Roswell del 1947, che ha alimentato numerose teorie del complotto riguardanti incontri extraterrestri. Si esamina come queste teorie abbiano influenzato la percezione pubblica dell'Area 51.

Espansione e Segretezza:
Negli anni successivi, l'Area 51 ha subito varie fasi di espansione e ha mantenuto il suo status di massima segretezza. Questa sezione esplora come la base si è adattata alle nuove sfide e ha continuato a essere un centro di innovazione e test segreti.

Evoluzione Contemporanea:
Aggiungo una panoramica della situazione contemporanea dell'Area 51, includendo declassificazioni parziali, attività pubbliche e le sfide emergenti legate alla crescente attenzione mediatica e alle richieste di maggiore trasparenza, immergendoci nei dettagli della storia ricca e complessa dell'Area 51, delineando i momenti chiave che hanno plasmato la sua identità e il suo ruolo nel contesto militare e scientifico degli Stati Uniti.

Teorie del Complotto e Alieni

L'Area 51 è circondata da un velo di mistero e teorie del complotto, molte delle quali ruotano attorno a presunti incontri con extraterrestri e tecnologie avanzate. Questo capitolo si addentra nelle intricanti trame delle teorie del complotto legate all'Area 51 e analizza il loro impatto sulla cultura popolare.

Alieni e Incontri Extraterrestri:
Una delle teorie più diffuse legate all'Area 51 riguarda incontri con esseri extraterrestri. Questo capitolo esamina le origini di queste teorie, spesso collegate all'incidente di Roswell e agli avvistamenti di oggetti non identificati nella vicinanza della base.

Strutture e Laboratori Segreti:
Le teorie del complotto spesso dipingono l'Area 51 come un luogo in cui vengono sviluppate tecnologie ultra segrete e dove si tengono esperimenti avanzati. Si esplora come queste narrativa influenzino la percezione pubblica della base e alimentino il sospetto di attività nascoste.

Reverse Engineering e Tecnologia Extraterrestre:
Un tema ricorrente nelle teorie del complotto è il presunto "reverse engineering". Questa sezione esplora come queste speculazioni abbiano contribuito a creare l'immagine dell'Area 51 come un centro di innovazione derivante da tecnologie aliene.

Disinformazione e Controinformazione:
Credo comunque che,la disinformazione e la controinformazione nel perpetuare le teorie del complotto legate all'Area 51,come le informazioni deliberate o errate abbiano contribuito a creare un terreno fertile per speculazioni più ampie.

Mitologie Contemporanee:
Le teorie del complotto legate all'Area 51 sono diventate parte integrante delle mitologie contemporanee, influenzando libri, film e altri media. Si esplora come queste narrazioni abbiano contribuito a costruire l'immagine popolare dell'Area 51 come un luogo di mistero e segretezza.

Progetti e Tecnologie Segrete

L'Area 51 è stata coinvolta in una serie di progetti altamente classificati e sperimentazioni segrete, contribuendo significativamente all'avanzamento tecnologico e militare degli Stati Uniti. Questo capitolo approfondisce le attività scientifiche e tecnologiche all'interno della base, esplorando i progetti noti e presunti.

Aerei Sperimentali:
L'Area 51 ha svolto un ruolo fondamentale nello sviluppo di aerei sperimentali e avanzati. Questa sezione del capitolo esamina progetti iconici come il Blackbird (SR-71) e lo Stealth Fighter (F-117), evidenziando come la base sia stata al centro dell'innovazione aerospaziale.

UAV e Droni:
Oltre agli aerei tradizionali, l'Area 51 è stata coinvolta nello sviluppo di veicoli aerei senza pilota (UAV) e droni. Questa parte del capitolo esplora come la base abbia contribuito alla creazione di tecnologie sempre più cruciali nelle operazioni militari contemporanee.

Ricerca Spaziale e Satelliti:
L'Area 51 ha svolto un ruolo significativo nella ricerca spaziale e nello sviluppo di tecnologie satellitari. Questa sezione analizza come la base abbia contribuito alla progettazione di satelliti spia e sistemi di sorveglianza avanzati.

Armi e Tecnologie Avanzate:
Le attività della base non si limitano all'aviazione. L'Area 51 è stata coinvolta nello sviluppo di armi avanzate e tecnologie segrete. Questa parte del capitolo esplora come la base abbia contribuito a progetti legati a sistemi di difesa avanzati e nuove tecnologie militari.

Energy e Ricerche Avanzate:
Al di là delle applicazioni militari, l'Area 51 è stata anche coinvolta in progetti di ricerca avanzata in settori come l'energia. Il capitolo esamina come la base abbia contribuito a esperimenti legati a nuove fonti di energia e tecnologie innovative.

Le Speculazioni e i Progetti Segreti Non Svelati:
Nonostante la declassificazione di alcune informazioni, molte attività e progetti svolti all'Area 51 rimangono avvolti nel mistero. Questa sezione esplora le speculazioni e le ipotesi riguardanti progetti segreti ancora non svelati.

La Conferma Ufficiale e la Declassificazione
Nel corso degli anni, parte del velo di segretezza che avvolgeva l'Area 51 si è sollevato attraverso declassificazioni e rivelazioni ufficiali. Questo capitolo esplora il processo di divulgazione di informazioni precedentemente segrete e come questo abbia influenzato la percezione pubblica dell'Area 51.

Declassificazioni Parziali:
Il capitolo inizia analizzando i momenti in cui alcune informazioni relative all'Area 51 sono state ufficialmente declassificate. Ciò ha spesso riguardato progetti specifici o dettagli relativi all'architettura della base, contribuendo a gettare luce su alcune delle attività precedentemente segrete.

Rivelazioni sulle Operazioni:

Si esplorano le informazioni ufficiali rilasciate riguardanti le operazioni quotidiane dell'Area 51. Questo include dettagli su come la base funziona, le sue relazioni con altre organizzazioni governative e la sua attuale missione.

Impatto sulle Teorie del Complotto:
La divulgazione ufficiale di informazioni ha spesso avuto un impatto significativo sulle teorie del complotto legate all'Area 51. Questo capitolo analizza come la conferma di alcune attività abbia influito sulla credibilità delle teorie più fantasiose.

Conferme di Incontri Extraterrestri:
Sezioni specifiche esplorano le informazioni rivelate riguardo agli incontri con esseri extraterrestri. L'analisi si concentra sulle testimonianze ufficiali e le dichiarazioni che confermano o smentiscono le speculazioni sul coinvolgimento alieno all'interno dell'Area 51.

La Questione della Sicurezza Nazionale:

Nonostante le declassificazioni, la sicurezza nazionale è spesso un argomento cruciale che limita la quantità di informazioni divulgate. Il capitolo esamina come la necessità di mantenere segreti certi aspetti continui a sfidare la completa divulgazione delle attività dell'Area 51.

La Reazione del Pubblico:
L'effetto delle declassificazioni sulla percezione pubblica è un elemento chiave di questo capitolo. Si esamina come il pubblico ha reagito alle informazioni rivelate e come queste abbiano influenzato la narrazione più ampia intorno all'Area 51.

L'Area 51 nell'Immagine Popolare e il Turismo Misterioso

L'Area 51 ha acquisito un posto speciale nell'immaginario collettivo, diventando un simbolo di mistero e segretezza. Questo capitolo esplora come la base sia stata rappresentata nella cultura popolare, l'impatto del suo status mitico sul turismo e le sfide legate a gestire l'attenzione pubblica.

Rappresentazioni nei Media:
Si inizia analizzando come l'Area 51 è stata rappresentata nei vari media, tra cui film,

libri, documentari e serie televisive. Questo include sia rappresentazioni realistiche basate su informazioni ufficiali che narrazioni più fantasiose legate alle teorie del complotto.

Turismo Misterioso:
L'Area 51 è diventata una destinazione di turismo misterioso, attirando appassionati di UFO, curiosi e avventurieri. Questo capitolo esplora l'ascesa del turismo nell'area circostante la base, con visite a luoghi chiave come la "Extraterrestrial Highway" e il "Black Mailbox".

Eventi e Festival legati all'Area 51:
L'attenzione pubblica sull'Area 51 è culminata in eventi e festival dedicati. Si esamina come queste celebrazioni, come l'evento "Storm Area 51" nel 2019, abbiano plasmato la percezione dell'Area 51 come luogo di intrattenimento e attrazione turistica.

Gestione dell'Attività Turistica:
Con l'aumentare del turismo, l'Area 51 si è trovata di fronte a sfide nella gestione dell'attenzione pubblica. Questo capitolo analizza come le autorità locali e i responsabili della base abbiano affrontato la necessità di bilanciare il desiderio di trasparenza con la sicurezza nazionale.

Reazioni delle Autorità:
Si esplorano le reazioni delle autorità governative e della sicurezza alla crescente attenzione pubblica e turistica. Questo include misure di sicurezza aggiuntive, restrizioni di accesso e strategie per affrontare le sfide legate alla gestione dell'Area 51 come fenomeno turistico.

Futuro dell'Area 51 nell'Immaginario Collettivo:
Concludiamo questo paragrafo con una riflessione sul futuro dell'Area 51 nell'immaginario collettivo. Come l'evoluzione delle rappresentazioni mediatiche e il turismo continueranno a influenzare la percezione di uno dei luoghi più enigmatici al mondo?

Impatto Sociale ed Etico dell'Area 51

Oltre alle rappresentazioni mediatiche e al turismo, l'Area 51 ha avuto un impatto sociale ed etico significativo. Questo capitolo esplora le questioni morali legate alle attività della base, la percezione pubblica delle operazioni segrete e le implicazioni più ampie sulla democrazia e la trasparenza governativa.

Etica delle Operazioni Segrete:
Il capitolo inizia esaminando le questioni etiche che sorgono dalle operazioni segrete svolte all'interno dell'Area 51. Questo include riflessioni su quanto sia giustificabile mantenere attività militari segrete, soprattutto quando coinvolgono tecnologie avanzate e sperimentazioni.

Sicurezza Nazionale vs. Trasparenza:
Si esplora il delicato equilibrio tra la necessità di sicurezza nazionale e la richiesta di trasparenza governativa. Come la segretezza delle attività dell'Area 51 può essere bilanciata con il diritto del pubblico di conoscere le azioni svolte in suo nome?

Sfide Democratiche:
L'Area 51, essendo un luogo dove vengono prese decisioni cruciali per la sicurezza nazionale, solleva domande importanti sulla democrazia. Questo capitolo analizza le sfide democratiche che sorgono quando certe decisioni e attività sono tenute segrete.

Percezione Pubblica e Fiducia nel Governo:
La percezione pubblica delle operazioni segrete dell'Area 51 è centrale in questo capitolo. Si esplora come la mancanza di trasparenza abbia influenzato la fiducia del pubblico nel governo e nelle istituzioni, alimentando sospetti e teorie del complotto.

Proteste e Attivismo:
L'Area 51 è stata oggetto di proteste e attivismo, con richieste di maggiore trasparenza e rendicontazione. Si esaminano le iniziative di gruppi e individui che cercano di portare alla luce le attività svolte all'interno della base.

Riflessioni sul Futuro:
Concludo con riflessioni sul futuro etico e sociale dell'Area 51. Quali implicazioni avranno le crescenti richieste di trasparenza e la continua attenzione pubblica sulla base?

Speculazioni Future e Nuove Frontiere

L'Area 51, con il suo ricco passato di segretezza e mistero, proietta ombre sul futuro. Questo capitolo esplora le possibili direzioni che potrebbero prendere le speculazioni sull'Area 51, le nuove frontiere della ricerca scientifica e tecnologica, e la sua evoluzione in un mondo sempre più connesso.

Nuove Tecnologie e Ricerche:
Si inizia esplorando le possibili direzioni che le attività dell'Area 51 potrebbero prendere in futuro. Con i rapidi progressi nella tecnologia, si analizzano le potenziali nuove frontiere della ricerca scientifica e tecnologica che potrebbero essere svolte all'interno della base.

Conseguenze dell'Avanzamento Tecnologico:
Questo capitolo si addentra nelle conseguenze etiche e sociali dell'avanzamento tecnologico, considerando come potrebbe influenzare la società, la politica e le dinamiche globali. Quali saranno gli impatti di nuove tecnologie sviluppate segretamente?

Globalizzazione e Collaborazioni Internazionali:
Con il mondo che diventa sempre più interconnesso, si esplora la possibilità di collaborazioni internazionali e condivisione di risorse scientifiche. Come l'Area 51 potrebbe evolversi in un contesto di maggiore cooperazione globale?

Ruolo nell'Esplorazione Spaziale:
L'interesse crescente per l'esplorazione spaziale solleva la questione del possibile coinvolgimento dell'Area 51 in futuri progetti spaziali. Questo capitolo esamina come la base potrebbe contribuire alla ricerca spaziale e alle future missioni di esplorazione.

Implicazioni Sociali e Culturali:
Si riflette sulle implicazioni sociali e culturali di eventuali rivelazioni future legate all'Area 51. Come la conoscenza di attività segrete potrebbe influenzare la percezione pubblica e la cultura popolare?

Nuove Frontiere del Mistero:
Infine, chiudo con una considerazione sulle nuove frontiere del mistero. In un'epoca in cui molte informazioni sono accessibili, l'Area 51 potrebbe continuare a offrire spunti per nuovi enigmi e interrogativi.

Capitolo 20: Stonehenge

Introduzione e Contesto Storico

Stonehenge, emblema di mistero e antichità, sorge imponente ad Amesbury, nel cuore dell'Inghilterra meridionale. Questo monumento preistorico, avvolto in un'aura di enigma, testimonia il genio architettonico delle comunità neolitiche che lo costruirono. Risalente a un periodo compreso a circa 4600 anni fa, Stonehenge si erge come una testimonianza tangibile delle abilità tecnologiche e della maestria ingegneristica dei suoi costruttori. La sua presenza evoca interrogativi sulla sua funzione, il suo significato culturale e il contesto storico in cui emerse.

Architettura e Struttura di Stonehenge

L'architettura di Stonehenge è un capolavoro di precisione e ingegneria, suscitando meraviglia e domande in egual misura. Composto principalmente da megaliti, imponenti blocchi di pietra, il monumento presenta un'organizzazione attenta di cerchi concentrici e triliti. I megaliti, alcuni dei quali raggiungono dimensioni colossali, sono stati trasportati per lunghe distanze, sottolineando l'incredibile sforzo logistico impiegato nella sua creazione. I triliti, formati da pietre verticali sormontate da orizzontali, creano una struttura intrigante che ha alimentato secoli di speculazioni sulle sue intenzioni e sulle sue capacità simboliche.

L'esatta disposizione delle pietre e la loro connessione con gli eventi astronomici stagionali hanno portato a teorie riguardanti una funzione osservativa di Stonehenge, come calendario o strumento per marcare solstizi ed equinozi. Questa complessa architettura non solo solleva domande sulla sua realizzazione pratica, ma anche sulla conoscenza scientifica e culturale delle comunità che lo costruirono. Stonehenge, pertanto, rappresenta un'affascinante finestra sulla comprensione del mondo e della spiritualità nelle antiche civiltà neolitiche.

Scopo e Significato di Stonehenge

Il cuore del mistero di Stonehenge risiede nel suo scopo originario e nel significato intrinseco che ha per le comunità neolitiche. Numerose teorie sono state avanzate per spiegare la sua funzione, ma la mancanza di documentazione scritta rende difficile giungere a conclusioni definitive.

Una delle ipotesi più discusse riguarda la funzione astronomica di Stonehenge. Alcuni studiosi suggeriscono che il monumento potrebbe essere stato un osservatorio astronomico avanzato, progettato per monitorare i movimenti celesti e predire eventi astrali come solstizi ed equinozi. La precisione con cui alcune pietre sono posizionate in relazione a determinati punti cardinali ha alimentato questa teoria.

Altre interpretazioni vedono Stonehenge come un luogo di culto o cerimoniale, un centro di pellegrinaggio per pratiche spirituali o rituali legati al culto del Sole o a divinità antiche. Queste ipotesi puntano sulla sua struttura circolare e sulla disposizione delle pietre come elementi simbolici e sacri.

In ogni caso, il mistero intorno a Stonehenge persiste, contribuendo a renderlo non solo un monumento fisico, ma anche un enigma culturale che attraversa il tempo e cattura l'immaginazione di studiosi e appassionati di tutto il mondo.

Processo di Costruzione e Sviluppi Successivi

Il processo di costruzione di Stonehenge costituisce un altro capitolo avvolto nel velo del mistero. La portata di questa impresa monumentale è evidente non solo nella scelta e nella lavorazione delle pietre, ma anche nel loro trasporto da luoghi distanti fino al sito. La mancanza di tecnologie avanzate nell'età neolitica rende ancora più affascinante la questione di come queste enormi pietre furono sollevate e posizionate con precisione millimetrica.

Stonehenge, nel corso dei secoli, ha subito varie fasi di costruzione e modifica. Le prime strutture risalgono al 3000 a.C., mentre le fasi successive, che includono l'aggiunta di megaliti e la modifica delle triliti, testimoniano il cambiamento di intenti e significati nel tempo. L'evoluzione di Stonehenge potrebbe riflettere gli sviluppi culturali e spirituali delle comunità che l'hanno costruito e utilizzato.

È anche importante considerare che Stonehenge non è un caso isolato, ma parte di un paesaggio di siti megalitici nella regione. La sua connessione con altri siti antichi suggerisce una rete di significati culturali e cerimoniali che ancora oggi stentiamo a comprendere completamente. La ricerca continua a esplorare i dettagli del processo di costruzione e gli sviluppi storici di Stonehenge, aggiungendo nuovi strati di complessità alla sua storia millenaria.

Significato Culturale e Turistico di Stonehenge

Oltre al suo impatto archeologico e scientifico, Stonehenge riveste un significato culturale e turistico di notevole rilevanza. Nel 1986, è stato incluso nell'elenco dei Patrimoni dell'Umanità dell'UNESCO, riconoscendo il suo valore universale e la necessità di preservarlo per le generazioni future.

Stonehenge attrae visitatori da ogni angolo del globo, diventando un'icona della storia umana e dell'ingegnosità antica. La sua presenza nell'immaginario collettivo è rinforzata da apparizioni in opere d'arte, letteratura e produzioni cinematografiche, contribuendo alla sua fama globale.

Il turismo a Stonehenge è gestito attentamente per bilanciare l'accesso del pubblico con la necessità di preservare il sito. I visitatori possono esplorare il perimetro del monumento, ammirando la maestosità delle pietre dall'esterno. Ciò ha creato una connessione tangibile tra le generazioni moderne e le antiche comunità che una volta hanno costruito e utilizzato questo monumento.

Inoltre, Stonehenge continua a essere un luogo di ricerca e studio, attirando archeologi, astronomi e studiosi interessati a svelare i segreti nascosti nel suo passato. In questo modo, Stonehenge non è solo un sito statico del passato, ma un luogo in cui il dialogo tra la storia e il presente continua a prosperare.

Sforzi di Conservazione e Accesso Pubblico

La conservazione di Stonehenge rappresenta una sfida intricata data la sua antichità e l'alto numero di visitatori che attrae annualmente. Gli sforzi di conservazione si concentrano sulla protezione delle pietre e del sito dagli agenti atmosferici, dall'erosione e dalle pressioni umane.

L'accesso pubblico è stato regolamentato per evitare danni diretti alle strutture e garantire una visita responsabile. I visitatori possono percorrere un percorso attorno al monumento, permettendo loro di ammirare la magnificenza di Stonehenge da distanza ravvicinata, ma senza toccare le pietre. Questo approccio aiuta a preservare l'integrità del sito, riducendo l'impatto negativo sulla sua struttura e sull'ambiente circostante.

Le tecnologie moderne, come i sensori climatici e i sistemi di monitoraggio, sono state implementate per valutare le condizioni del sito nel corso del tempo. Le informazioni raccolte aiutano gli studiosi e i conservatori a prendere decisioni informate sulla gestione e sulla manutenzione di Stonehenge.

Il bilanciamento tra l'accesso del pubblico e la conservazione è un aspetto critico degli sforzi per preservare Stonehenge per le generazioni future. La consapevolezza dell'importanza di questo sito storico è fondamentale per garantire che possa continuare a ispirare e incuriosire le persone in tutto il mondo senza comprometterne la durata nel corso dei secoli.

Teorie Alternative e Ricerca Continua

Nonostante i numerosi studi e le teorie avanzate, Stonehenge continua a svelare solo parzialmente i suoi segreti. Teorie alternative continuano a emergere, aggiungendo ulteriori strati di mistero e stimolando la ricerca continua.

Alcuni studiosi sostengono che Stonehenge potrebbe essere stato un luogo di guarigione, in cui antichi guaritori praticavano rituali di cura basati su credenze spirituali. Altri ipotizzano che la struttura possa aver avuto un significato legato alla comunicazione con mondi spirituali o a riti di passaggio.

La ricerca multidisciplinare, che coinvolge archeologi, antropologi, astronomi e geologi, è fondamentale per approfondire la comprensione di Stonehenge. Tecnologie moderne, come la scansione laser e l'analisi chimica delle pietre, offrono nuovi strumenti per esplorare dettagli finora inaccessibili.

Il mistero di Stonehenge, dunque, non è soltanto un enigma storico, ma un invito costante a esplorare, scoprire e riconsiderare le nostre interpretazioni del passato. La ricerca continua a svolgere un ruolo chiave nell'aprire nuove prospettive su questo monumento, confermando che la sua storia è tutt'altro che conclusa. Stonehenge, nel suo eterno silenzio, continua a sussurrare sfide e inviti a esplorare i misteri del nostro passato antico.

Capitolo 21: Rapa Nui

Rapa Nui, nome indigeno dell'Isola di Pasqua, emerge come un gioiello isolato nel vasto Oceano Pacifico meridionale. Questo angolo remoto della Terra è celebre per la sua ricca storia, per le maestose statue di pietra e l'intrigante miscela di cultura polinesiana. Il nome "Rapa Nui" significa "Grande Rapa" ed è un omaggio all'isola di Rapa, sua vicina, mentre il nome "Isola di Pasqua" deriva dal primo incontro europeo avvenuto durante la domenica di Pasqua nel 1722. L'isolamento geografico e la sua storia antica rendono Rapa Nui un luogo affascinante, intriso di mistero e significato culturale.

Le Misteriose Statue di Pietra

Il cuore di Rapa Nui è dominato dalle misteriose e maestose statue di pietra, conosciute come moai. Queste sculture, testimonianza dell'ingegnosità e dell'abilità degli antichi abitanti, sono scolpite in blocchi di pietra lavica e posizionate lungo la costa dell'isola. I Moai, alcuni dei quali raggiungono altezze straordinarie di oltre 20 metri, rappresentano un'impresa di ingegneria notevole, specialmente considerando la limitatezza delle risorse e la mancanza di attrezzi sofisticati dell'epoca. La loro disposizione lungo l'isola solleva domande sulla spiritualità, la tecnologia e la cultura di coloro che li hanno eretti, creando un enigma che ha stimolato la curiosità e la ricerca in tutto il mondo.

Cultura e Popolazione Rapa Nui

La cultura di Rapa Nui è un vibrante intreccio di tradizioni polinesiane, mitologia locale e le sfide uniche di una vita isolata su un'isola remota. Gli antichi abitanti di Rapa Nui, hanno costruito una società strutturata, basata su una gerarchia tribale. I Moai, oltre a essere straordinarie opere d'arte, hanno giocato un ruolo centrale nelle credenze religiose e nelle pratiche quotidiane. Il culto dei loro antenati, sottolinea la profonda connessione tra la vita quotidiana e la spiritualità. La popolazione originaria ha creato un ricco reticolo di tradizioni, miti e pratiche, plasmando un modo di vivere unico, radicato nella loro relazione con la terra e l'oceano circostanti.

Mistero e Declino di Rapa Nui

Nonostante la magnificenza dei Moai e la ricchezza culturale, Rapa Nui è avvolta da un velo di mistero e controversie. Il declino di questa antica civiltà è stato un processo complesso e il soggetto di diverse teorie. Uno dei fattori principali è stato l'eccessivo sfruttamento delle risorse naturali, come la deforestazione, che ha portato a problemi ambientali e al declino delle risorse vitali. Questi eventi hanno contribuito al collasso della società Rapanui, generando interrogativi sulle dinamiche sociali, le cause del declino e la capacità delle società antiche di adattarsi alle sfide ambientali. Il mistero che circonda il destino di Rapa Nui aggiunge ulteriore fascino alla sua storia, alimentando il desiderio di svelare i segreti nascosti di questa cultura unica.

Conservazione e Turismo Sostenibile

Rapa Nui, riconosciuta come Patrimonio dell'Umanità UNESCO, ha intrapreso sforzi significativi per preservare la sua eredità culturale e ambientale. La consapevolezza dell'importanza di proteggere i Moai e altri siti storici ha portato a iniziative di conservazione che promuovono il turismo sostenibile. Le autorità locali lavorano per bilanciare la visita di turisti desiderosi di esplorare l'isola con la necessità di proteggere i delicati siti archeologici e l'ecosistema circostante. Programmi educativi mirano anche a condividere la storia e la cultura di Rapa Nui, garantendo che le future generazioni possano apprezzare e preservare questo straordinario patrimonio.

Rapa Nui nel Contesto Globale

Rapa Nui, con la sua storia unica e le suggestive rovine dei Moai, diventa un affascinante esempio di come le culture antiche abbiano influenzato e plasmato il mondo. La sua eredità offre una finestra sul passato, stimolando riflessioni sulla resilienza umana, la connessione con l'ambiente e il valore di preservare il patrimonio culturale per le generazioni future. La storia di Rapa Nui serve come monito sulla delicatezza dell'equilibrio tra uomo e natura, spingendo la società moderna a considerare la sostenibilità e il rispetto per il patrimonio come valori fondamentali. Rapa Nui non è solo un luogo fisico, ma un ponte tra passato e presente, una testimonianza vivente della creatività umana, della sfida ambientale e dell'eterna ricerca di significato.

Capitolo 22: La scomparsa della colonia di Roanoke

La scomparsa della colonia di Roanoke è uno dei misteri più intriganti nella storia degli insediamenti europei nelle Americhe durante il XVI secolo.
La colonia di Roanoke fu fondata da Sir Walter Raleigh nel 1585 sull'isola di Roanoke, al largo delle coste della Carolina del Nord, negli attuali Stati Uniti. Tuttavia, l'insediamento non riuscì a stabilire una presenza duratura e divenne il centro di uno dei più grandi enigmi della storia americana.

La prima colonia di Roanoke fu fondata nel 1585 da Ralph Lane, ma a causa delle difficoltà logistiche e delle tensioni con le popolazioni indigene locali, fu abbandonata nel 1586. Successivamente, nel 1587, una seconda colonia, guidata da John White, fu inviata a Roanoke. White tornò in Inghilterra per ottenere rifornimenti, ma a causa delle guerre anglo-spagnole, non poté tornare a Roanoke fino al 1590.

Quando John White ritornò, trovò l'insediamento deserto, senza traccia di coloni. L'unica testimonianza lasciata era la parola "Croatoan" scritta su un palo e "Cro" inciso su un albero. Questo ha alimentato le speculazioni e le teorie sulla scomparsa della colonia di Roanoke. La mancanza di chiare evidenze ha dato vita a diverse ipotesi, tra cui l'ipotesi dell'assimilazione con le popolazioni indigene, l'ipotesi dell'attacco spagnolo e l'ipotesi della migrazione verso nord.

Nonostante gli sforzi di ricerca e le varie indagini condotte nel corso dei secoli, la scomparsa della colonia di Roanoke rimane avvolta nel mistero, contribuendo alla sua fama come uno dei grandi enigmi irrisolti della storia americana. La mancanza di prove concrete e il contesto storico complesso rendono difficile giungere a una conclusione definitiva sulla sorte dei coloni di Roanoke.

Capitolo 23: il mistero del Chupacabra

Introduzione al Mistero del Chupacabra

Il Chupacabra è una leggenda urbana che ha radici nelle Americhe, particolarmente diffusa in America Latina e in alcune regioni degli Stati Uniti. Il nome "Chupacabra" è composto da "chupar" (succhiare) e "cabra" (capra) in spagnolo, riflettendo la sua supposta predilezione per il sangue degli animali domestici.

Origini e Manifestazioni Iniziali

Il mito del Chupacabra emerse per la prima volta nei primi anni '90, principalmente in Porto Rico e in alcune parti del Messico. Le prime testimonianze descrivevano una creatura simile a un rettile o a un canide, con occhi rossi luminosi e dotata di artigli affilati. Si credeva che il Chupacabra si nutrisse del sangue degli animali domestici, specialmente capre e pecore, suscitando paura e preoccupazione nelle comunità rurali.

Descrizioni e Varianti del Chupacabra

Le descrizioni del Chupacabra possono variare notevolmente, con alcune versioni che lo raffigurano come una creatura simile a un alieno, mentre altre lo associano a cani selvatici o rettili misteriosi. Questa diversità di rappresentazioni ha contribuito a mantenere il mistero intorno alla sua vera natura e alle sue intenzioni.

Impatto Sociale e Paura Collettiva

Il Chupacabra ha generato un impatto significativo sulle comunità rurali, portando a una sorta di isteria collettiva. Gli attacchi sanguinosi agli animali domestici, attribuiti al Chupacabra, hanno contribuito a diffondere la paura e a generare leggende urbane. In risposta, alcuni residenti hanno adottato misure di sicurezza aggiuntive per proteggere i loro animali.

Indagini e Spiegazioni Scientifiche

Nonostante la paura generata dal mito del Chupacabra, le indagini scientifiche hanno spesso confutato le affermazioni di attacchi di creature misteriose. In molti casi, le ferite sugli animali sono state attribuite a predatori comuni o a malattie. Tuttavia, il mito persiste, alimentato da testimonianze oculari e dalla potente combinazione di superstizione e timore dell'ignoto.

Continua Atualità e Influenza Culturale

Il mistero del Chupacabra continua a essere un tema ricorrente nella cultura popolare, con apparizioni in libri, film e programmi televisivi. La sua figura rimane un elemento affascinante e spaventoso, intrecciato con la tradizione orale e la cultura delle leggende urbane. La sua influenza persistente dimostra il potere delle storie per plasmare la percezione e la comprensione del mondo soprannaturale.

La Leggenda del Chupacabra: Il Predatore Nascosto

In un villaggio sonnolento, incastonato tra le montagne e le giungle dense del Sud America, circolava una leggenda che faceva rabbrividire gli abitanti: la storia del Chupacabra. Si narra che durante le notti senza luna, quando l'oscurità avvolgeva il paesaggio, una creatura dalle sembianze mostruose si svegliasse dalla sua tana nascosta.

Il Chupacabra, il "bevitore di capre" come veniva chiamato, era descritto come una creatura bassa e simile a un rettile, con pelle scagliosa e occhi lucenti che emanavano una luce sinistra. Si diceva che il suo respiro fosse un sibilo inquietante, udibile solo da coloro che si trovavano troppo vicini al suo nascondiglio. La leggenda sosteneva che il Chupacabra si cibasse del sangue degli animali domestici, in particolare capre e polli, lasciando dietro di sé una scia di animali esangui.

La paura si diffuse rapidamente tra gli agricoltori del villaggio, che trovavano le loro capre morte e prive di sangue al mattino. Si raccontava che il Chupacabra fosse un predatore invisibile, capace di sfuggire agli sguardi umani e di muoversi silenziosamente tra le ombre della notte.

Un contadino coraggioso decise di affrontare la minaccia, armato di una lanterna e una forza d'animo indomita. Una notte, udì il lamento dei suoi animali e si avventurò nell'oscurità con la speranza di sconfiggere il Chupacabra. Attraversò i campi bui e giunse alla radura dove si svolgevano i misteriosi attacchi.

Quando la sua lanterna illuminò un paio di occhi lucenti e una figura scura, il contadino si ritrovò a faccia a faccia con il temuto Chupacabra. Con il cuore che batteva forte, riuscì a intravedere il lato più umano della creatura. Era un cane randagio, emaciato e assetato, che cercava disperatamente cibo.

Così, la leggenda del Chupacabra si trasformò in una storia di compassione e comprensione. Il villaggio, invece di temere la creatura, si unì per prendersi cura degli animali randagi e trovare soluzioni per evitare il conflitto. La leggenda del Chupacabra insegnò loro che, a volte, la paura può oscurare la verità e che dietro ogni mistero potrebbe nascondersi una storia di necessità e sopravvivenza.

Capitolo 24: Il mistero del Sasquatch

Il mistero del Sasquatch, noto anche come Bigfoot, è una delle leggende più affascinanti e persistenti nella cultura popolare nordamericana. Il Sasquatch è descritto come una creatura simile a una scimmia, grande, vellutata e antropomorfa, che si ritiene vaghi nelle foreste remote del Nord America. La leggenda del Sasquatch è particolarmente radicata nelle tradizioni delle popolazioni indigene della regione, che hanno tramandato storie di incontri con questa misteriosa creatura per generazioni.

Origini delle Leggende:
Le prime testimonianze scritte di incontri con il Sasquatch risalgono ai resoconti degli esploratori europei nel XIX secolo, ma molte delle storie più dettagliate provengono dalle leggende orali delle popolazioni indigene, che considerano il Sasquatch una figura mitica e spirituale. Nelle lingue delle tribù native, il nome varia, ma spesso è associato a creature simili.

Descrizione del Sasquatch:
Le descrizioni del Sasquatch variano, ma in generale si tratta di una creatura massiccia, alta fino a oltre 2 metri, coperta da una pelliccia folta e di colore scuro. Gli avvistamenti affermano che il Sasquatch abbia caratteristiche simili a quelle di una scimmia o di un uomo scimmia, con braccia lunghe e una postura eretta.

Avvistamenti e Prove:
Nonostante numerosi racconti di avvistamenti e testimonianze di impronte giganti attribuite al Sasquatch, non ci sono prove scientifiche concrete della sua esistenza. Gli scettici attribuiscono molte delle prove fotografiche o delle registrazioni audio a fenomeni naturali o inganni, sottolineando la mancanza di prove tangibili come ossa o cadaveri.

Teorie sulla sua Esistenza:
Le teorie sulla possibile esistenza del Sasquatch spaziano dalle ipotesi criptozoologiche (creature sconosciute alla scienza) a speculazioni su antichi ominidi sopravvissuti, come Neanderthal o Gigantopithecus, una grande scimmia preistorica. Tuttavia, nessuna di queste teorie è stata confermata e il Sasquatch continua a essere avvolto nel mistero.

Popolarità Culturale:

Il Sasquatch è diventato un'icona della cultura popolare, ispirando libri, film e documentari. Le ricerche per provare la sua esistenza continuano, alimentando la curiosità pubblica e la passione degli appassionati di criptozoologia. La leggenda del Sasquatch persiste, offrendo un intrigante enigma nelle foreste remote del Nord America.

Una delle leggende più celebri riguardanti il Sasquatch proviene dalla cultura dei nativi americani della tribù dei Lummi, che popola la regione del Pacifico Nordoccidentale degli Stati Uniti. Questa storia è conosciuta come "Dsonoqua" o "Wild Woman of the Woods," ed è strettamente associata alla figura del Sasquatch.

La Storia di Dsonoqua:

Molti anni fa, nelle dense foreste del Nordovest del Pacifico, viveva una creatura leggendaria chiamata Dsonoqua. Questa figura mitica era spesso descritta come una donna selvaggia, con i capelli lunghi e arruffati, vestita di pelli di animali, e con occhi intensi che riflettevano la saggezza e la conoscenza delle antiche foreste.

Dsonoqua, secondo la leggenda, era una custode delle foreste, una figura misteriosa che poteva muoversi silenziosamente attraverso gli alberi e comunicare con gli spiriti della natura. La sua presenza era considerata un avvertimento e un presagio, e i cacciatori e i viaggiatori erano avvisati di essere rispettosi e di non disturbarla.

La leggenda narra che Dsonoqua era particolarmente legata agli animali selvatici e aveva la capacità di comunicare con loro. Si diceva che, in molte occasioni, avesse aiutato gli animali in pericolo o avvertito gli umani di eventuali minacce ambientali. La sua apparizione, tuttavia, era spesso considerata come un segno di avvertimento contro il disprezzo per la natura o la caccia indiscriminata.

La figura di Dsonoqua è spesso associata al mito più ampio del Sasquatch, poiché la sua storia riflette la connessione profonda tra gli indigeni della regione e l'ambiente circostante. La leggenda di Dsonoqua continua a essere raccontata nelle comunità native americane, trasmettendo insegnamenti sulla responsabilità ambientale, il rispetto per la natura e la consapevolezza della connessione tra gli esseri umani e il mondo naturale.

Capitolo 25: La leggenda dello Yeti

Lo Yeti, conosciuto anche come "Uomo delle Nevi," è una figura leggendaria che fa parte delle tradizioni culturali delle regioni montuose dell'Himalaya, in particolare del Nepal e del Tibet. La leggenda dello Yeti è radicata nelle storie tramandate oralmente tra le comunità locali e ha suscitato l'interesse di esploratori, scienziati e appassionati di criptozoologia in tutto il mondo.

Caratteristiche dello Yeti:

La figura dello Yeti è spesso descritta come una creatura simile a una scimmia o a un uomo scimmia, di grandi dimensioni e coperta da una fitta pelliccia. La sua pelliccia è di solito di colore bianco o marrone per adattarsi al suo habitat montuoso. Gli avvistamenti riportano spesso occhi luminosi e una postura eretta, suggerendo una somiglianza con gli esseri umani.

Storia e Avvistamenti:

Le storie su creature simili a uno Yeti sono presenti nelle tradizioni orali delle comunità himalayane da secoli. Tuttavia, la figura dello Yeti ha guadagnato notorietà a livello internazionale nel XX secolo, quando esploratori e scalatori europei iniziarono a riportare avvistamenti e incontri con una misteriosa creatura nelle regioni remote dell'Himalaya.

Uno degli avvistamenti più famosi avvenne nel 1921, quando l'esploratore britannico Charles Howard-Bury durante una spedizione sull'Everest raccontò di orme simili a quelle di una grande scimmia. Successivi avvistamenti e resoconti si sono susseguiti nel corso degli anni, alimentando la leggenda dello Yeti.

Teorie sulla sua Esistenza:

Le teorie sulla possibile esistenza dello Yeti spaziano dalla possibilità di essere una specie di primate sconosciuta alla scienza, a fenomeni naturali come impronte lasciate da altri animali. La mancanza di prove tangibili, come carcasse o scheletri, ha contribuito alla continua incertezza sulla sua reale esistenza.

Impatto sulla Cultura Popolare:

La figura dello Yeti è diventata parte integrante della cultura popolare, comparendo in film, libri e altre forme di media. La sua immagine è spesso utilizzata per rappresentare il mistero e la selvaggia bellezza delle regioni montuose dell'Himalaya. In molte comunità locali, lo Yeti è considerato un essere leggendario, parte integrante delle storie tradizionali che riflettono il rispetto e la reverenza per le terre inospitali e spesso pericolose dell'Himalaya.

Conclusioni

Nel raccontare le storie di leggende antiche e misteri avvincenti, "Arcaico" si propone di esplorare i confini tra la realtà e l'immaginazione. Attraverso le pagine di questo libro, abbiamo viaggiato nel passato e nelle profondità della cultura umana, scoprendo storie che resistono al tempo e che continuano a incantare e intrigare.

"Arcaico", con la sua ambivalenza tra il conosciuto e l'ignoto, offre uno sguardo suggestivo sulle sfumature dell'esperienza umana. Le leggende tramandate di generazione in generazione ci connettono alle nostre radici più profonde, rivelando la persistenza della meraviglia e del mistero nelle nostre vite.

Attraverso la ricerca e la narrazione, "Arcaico" invita il lettore a riflettere sulla natura dell'umanità, sulla nostra propensione a cercare significato e su come le storie del passato continuino a influenzare il nostro presente. Questo libro è un omaggio alla ricchezza delle tradizioni, all'immaginazione collettiva e alla continua ricerca di comprendere il nostro posto nel mondo.

Nel concludere questo viaggio attraverso l' "Arcaico", auguriamo ai lettori di continuare a esplorare, chiedere e mantenere viva la fiamma della curiosità. Le storie antiche e i misteri rimarranno sempre parte integrante del nostro patrimonio culturale, guidandoci nel nostro costante cammino alla ricerca della verità e della bellezza nascosta nelle pieghe della storia.

Con affetto,

Claudio Callegari